Un manuel de philosophie morale

Andrew P. Peabody

Writat

Cette édition parue en 2024

ISBN : 9789359941530

Publié par
Writat
email : info@writat.com

Contenu

Préface.

Ce livre a été préparé, en particulier, à l'usage de la classe Freshman du Harvard College. L'auteur a voulu en même temps répondre au besoin, ressenti dans nos lycées, d'un manuel de sciences morales adapté aux classes les plus avancées.

Dans la préparation de ce traité, l'auteur n'a pas pris la peine d'éviter de dire ce que d'autres avaient dit auparavant. Pourtant le livre est original, dans la mesure où un tel livre peut ou doit être original. L'auteur n'a rien copié directement, sauf la classification des Désirs de Dugald Stewart. Mais comme ses lectures depuis plusieurs années portent principalement sur le domaine de l'éthique, il est fort probable qu'une grande partie de ce qu'il suppose être sa propre pensée puisse provenir d'autres esprits. Bien entendu, une grande partie du contenu d'un ouvrage de ce genre est la propriété commune des écrivains et doit, sous une forme ou une autre, réapparaître dans tout manuel élémentaire.

Si ce travail est accueilli favorablement, l'auteur espère préparer, à l'intention des classes supérieures, un manuel qui abordera une discussion plus détaillée et plus approfondie des questions en jeu dans les différentes écoles – passées et présentes – de la science éthique.

Chapitre 1.

Action.

Un acte ou une action est l'exercice volontaire de tout pouvoir du corps ou de l'esprit. Le caractère d'une action, qu'elle soit bonne ou mauvaise, dépend de l'intention de l'agent. Ainsi, si j'ai l'intention de faire du bien à mon prochain par un acte particulier, l'action est bonne, et donc bonne, de ma part, même s'il n'en tire aucun bénéfice ou s'il en est blessé. Si j'ai l'intention de faire du mal à mon prochain, l'action est méchante, et par conséquent mauvaise, bien qu'elle ne lui fasse aucun mal, ou même qu'elle lui soit bénéfique. Si j'ai l'intention d'accomplir une action, bonne ou mauvaise, et que je suis empêché de l'accomplir par quelque obstacle imprévu, l'acte est aussi véritablement mien que si je l'avais accompli. Les mots qui ont un sens sont des actions. Il en va de même pour les pensées que nous évoquons ou conservons délibérément dans l'esprit.

D'un autre côté, les actions que nous sommes obligés d'accomplir contre notre volonté et les pensées qui sont imposées à notre esprit sans notre propre consentement ne sont pas nos actions. Cela est évidemment vrai lorsque nos semblables nous contraignent de force à faire ou à entendre des choses que nous ne souhaitons pas faire ou entendre. C'est leur action uniquement, et nous n'y participons pas plus que si nous étions des bêtes brutes ou des objets inanimés. C'est donc l'intention qui donne du caractère à l'action.

Il ne fait aucun doute que nous faisons généralement ce que nous avons l'intention de faire. Nous n'agissons pas sous la contrainte *immédiate* . Nous sommes donc *des agents libres* , ou des acteurs. Mais nos intentions sont-elles libres ? Est-il en notre pouvoir de vouloir autrement que nous ne le ferons ? Lorsque nous choisissons d'accomplir un acte juste ou bon, est-il en notre pouvoir de choisir d'accomplir un acte de caractère opposé ? En d'autres termes, la *volonté est-elle* libre ? S'il n'en est pas ainsi, alors ce que nous appelons nos intentions ne sont pas les nôtres, mais doivent être attribués à la volonté supérieure qui a donné la direction à nos volontés. Si Dieu a arrangé l'ordre de la nature et le cours des événements de manière à forcer ma volonté dans certaines directions, bonnes ou mauvaises, alors c'est Lui qui fait le bien ou le mal que je semble faire. Dans cette supposition, Dieu est le seul agent ou acteur dans l'univers. Le mal, s'il est produit, est produit par Lui seul ; et si nous ne pouvons admettre que l'Être suprême fasse le mal, la seule alternative est de nier l'existence du mal et de soutenir que ce que nous appelons le mal joue un rôle essentiel dans la production du bien. Par exemple, si les horribles énormités imputées à Néron étaient absolument mauvaises, le mal qu'elles contenaient n'est pas imputable à Néron, mais à Dieu ; ou si l'on soutient que Dieu ne peut pas faire le mal, alors Néron était un instrument pour l'avancement du bonheur et du bien-être humain.

Quelles raisons avons-nous de croire que la volonté humaine est libre ?

1. Nous avons la preuve directe de la conscience. Nous sommes distinctement conscients, non seulement de faire ce que nous voulons, mais aussi d'exercer notre libre choix entre différents objets de désir, entre la jouissance immédiate et future, entre le bien et le mal. Or, même si la conscience peut parfois nous tromper, c'est la preuve la plus solide que nous puissions avoir ; nous sommes ainsi constitués que nous ne pouvons lui refuser notre crédit ; et notre croyance en cela est à la base de toute évidence et de toute connaissance.

2. Nous sommes clairement conscients du mérite ou du démérite, de l'auto-approbation ou de l'auto-condamnation, en conséquence de nos actions. Si notre volonté était influencée par une force indépendante de notre volonté, nous pourrions nous féliciter ou nous plaindre, mais nous ne pourrions pas nous féliciter ou nous blâmer pour ce que nous avons fait.

3. Nous louons ou blâmons les autres pour leurs actions bonnes ou mauvaises ; et dans notre conduite à leur égard, nous montrons que nous les croyons non seulement heureux ou malheureux, mais louables ou blâmables. Dans la mesure où nous supposons que leurs volontés ont été influencées par des circonstances indépendantes de leur volonté, nous les considérons avec une approbation ou une censure diminuée. D'un autre côté, nous rendons les plus grands éloges à ceux qui ont choisi le bien au milieu de fortes tentations du mal, et accordons la censure la plus sévère à ceux qui ont fait le mal dans un environnement et des influences vertueux. Or, notre jugement sur les autres doit nécessairement dériver de notre propre conscience, et si nous les considérons et les traitons comme des êtres librement consentants, ce ne peut être que parce que nous savons que notre propre volonté est libre.

Ces arguments, tous issus de la conscience, ne peuvent être directement combattus qu'en niant la validité de la conscience en tant que fondement de la croyance. Les arguments opposés sont tirés de sources indépendantes de la conscience.

1. L'objection la plus évidente à la liberté de la volonté humaine découle du pouvoir des motifs. On dit : Nous n'agissons jamais sans motif ; nous cédons toujours au motif le plus fort ; et les motivations ne sont pas de notre propre création ou choix, mais elles s'exercent sur nous indépendamment de notre propre action. Il y a eu, depuis la création jusqu'à présent, une série ininterrompue de causes et d'effets, et nous pouvons faire remonter toute volonté humaine à une ou plusieurs causes antérieures appartenant à cette

série inévitable, de sorte que, pour que la volonté ait été autre que c'était le cas, certains membres de cette série ont dû être déplacés.

A cela on peut répondre :

(*a*) Nous sommes capables d'agir sans motif, et nous le faisons dans d'innombrables cas. C'était un dicton courant parmi les scolastiques, qu'un âne, à égale distance de deux bottes de foin égales, mourrait de faim faute de motif pour choisir l'un ou l'autre. Mais avons-nous un motif quelconque dans les nombreux cas où nous choisissons, parfois après un vain effort pour découvrir un motif de préférence, entre deux objets également précieux, beaux ou appétissants, entre deux itinéraires également agréables vers le même terminus, ou entre deux objets également précieux, beaux ou appétissants ? deux modes également agréables de passer une journée ou une heure de loisir ? Pourtant, ce choix, fait sans motif, peut être une cause féconde de motifs qui auront une grande influence dans le futur. Ainsi, sur la route que l'on choisit sans aucune raison assignable, il peut rencontrer des personnes ou des événements qui modifieront tout son projet de vie. Les cas ne sont pas rares où les résultats les plus décisifs ont résulté d'un choix ainsi fait entièrement sans motif.

(*b*) Des motifs de force égale agissent différemment selon les tempéraments. Le même motif, lorsqu'il est isolé, sans motif opposé, n'a pas le même effet sur des esprits différents. Il y a dans la volonté de tout être humain une certaine répugnance à l'action, chez les uns plus grande, chez d'autres moins, qui correspond à la *force d'inertie* des substances inanimées ; et comme l'impulsion qui fera mouvoir une boule de bois peut ne pas suffire à faire mouvoir une boule de plomb, de même le motif qui mettra en action un tempérament vif et sensible peut ne produire aucun effet sur une personne de nature plus paresseuse. Ainsi, parmi les hommes totalement dépourvus d'honnêteté, les uns sont tentés par les plus mesquines occasions de vol ou de fraude ; d'autres, pas du tout plus scrupuleux, ne voient leur cupidité éveillée que par la perspective d'un gain substantiel. De même, certaines personnes sincèrement bienveillantes sont poussées à des actions charitables par les moindres besoins et les moindres souffrances ; d'autres, également bons et généreux, n'excitent leur sympathie que dans des occasions graves et par des revendications impératives. Les motifs n'ont donc pas une force déterminée et calculable, mais une puissance qui varie selon le caractère antérieur de la personne à laquelle ils s'adressent. De plus, la plus ou moins grande susceptibilité aux motivations extérieures n'est pas une différence produite par l'éducation ou le milieu ; car on peut la retrouver chez les enfants dès le premier développement du caractère. Cela ne peut pas non plus être héréditaire ; car on peut le trouver parmi les enfants des mêmes parents, et assez souvent entre des jumeaux élevés précisément sous les mêmes soins, instructions et discipline.

(*c*) Les motivations externes ne sont pas les causes de l'action, mais simplement ses occasions ou opportunités. La cause de l'action existe déjà dans le caractère de l'agent, avant que le motif ne se présente. Une bourse d'or qui peut être volée sans être détectée est un motif irrésistible pour un voleur, ou pour une personne qui, bien que n'ayant jamais été voleur, est cupide et sans principes ; mais la même bourse pourrait être sur le chemin d'un honnête homme chaque jour pendant un mois, et cela ne ferait pas de lui un voleur. Si je reconnais la présence d'un motif, je dois accomplir une action, soit extérieure, soit intérieure ; mais que cette action soit conforme au motif, ou dans la direction opposée, est déterminée par mon caractère antérieur et mes habitudes d'action.

(*d*) L'objection que nous examinons suppose, sans raison suffisante, que les phénomènes de l'action humaine sont étroitement analogues à ceux du mouvement dans le monde matériel. L'analogie échoue sur plusieurs points. Aucun objet matériel ne peut agir sur lui-même et changer sa propre nature, ses adaptations ou ses usages, sans aucune cause extérieure ; mais l'esprit humain peut agir sur lui-même sans aucune cause extérieure, comme dans le repentir, une réflexion sérieuse, des buts et des objectifs religieux. Là encore, si deux ou plusieurs forces dans des directions différentes agissent sur un objet matériel, son mouvement n'est pas dans la direction de l'une ou de l'autre, ni avec l'impulsion dérivée de l'une ou l'autre, mais dans une direction et avec une impulsion résultant de la composition de ces forces. ; tandis que la volonté humaine, en présence de deux ou plusieurs motifs, poursuit la direction et ne cède à la force que d'un seul de ces motifs. Nous ne sommes donc pas autorisés à raisonner sur la puissance des motifs à partir de l'action des forces matérielles.

(*e*) Si les arguments contre la liberté de la volonté étaient logiquement valables et sans réponse, ils ne serviraient à rien contre le témoignage de la conscience. Les axiomes, les croyances intuitives et les vérités de la conscience ne peuvent être ni prouvés ni réfutés par le raisonnement ; et le raisonnement par lequel ils semblent être réfutés démontre seulement qu'ils sont hors de portée et de portée de l'argumentation. Ainsi, on peut soutenir avec raison que le mouvement est impossible ; car un objet ne peut pas se déplacer là où il est, et ne peut pas se déplacer là où il n'est pas, un dilemme qui ne réfute pas la réalité du mouvement, mais indique simplement que la réalité du mouvement, étant une croyance intuitive, n'a ni besoin ni n'admet de preuve logique.

2. On reproche à la liberté de la volonté humaine d'être incompatible avec la prescience divine des événements futurs et de représenter ainsi l'Être suprême comme non omniscient et, en ce sens particulier, fini et imparfait.

A cette objection nous répondons :

(*a*) Si la liberté humaine et la prescience divine des actes humains sont mutuellement incompatibles, nous devons néanmoins conserver la liberté de la volonté comme vérité de la conscience ; car si nous discréditons notre propre conscience, nous ne pouvons même pas faire confiance à l'acte de l'entendement par lequel nous la mettons de côté, acte que nous connaissons par le seul témoignage de la conscience.

(*b*) Si les actes d'un être librement consentant ne peuvent être connus à l'avance, leur ignorance n'enlève rien à la perfection de l'Être Suprême. L'Omnipotence ne peut pas faire deux et deux cinq. La toute-puissance ne peut pas faire ce qui est intrinsèquement impossible. L'Omniscience ne peut pas non plus savoir ce qui est intrinsèquement inconnaissable.

(*c*) Si la prescience de Dieu est entière, elle doit inclure ses propres actes, pas moins que ceux des hommes. Si sa prescience des actes des hommes est incompatible avec leur liberté, alors sa prescience de ses propres actes est incompatible avec sa propre liberté. Nous avons donc, selon la théorie de la nécessité, au lieu d'une Volonté Suprême sur le trône de l'univers, un simple sort ou destin. Cela équivaut au refus d'un Dieu personnel.

(*d*) Il ne peut être prouvé que la prescience de Dieu et le libre arbitre de l'homme sont incompatibles. Tout ce que nous pouvons dire, c'est que nous ne voyons pas bien comment les concilier, ce qui est le cas de bien des couples de vérités incontestables qu'on pourrait nommer. Mais même si une explication parfaite de l'harmonie de la prescience divine et de la liberté humaine dépasse la portée de nos facultés, nous pouvons l'expliquer en partie à partir de notre propre expérience. La prescience humaine s'étend très loin et avec un grand degré de certitude, sans restreindre la liberté de ceux à qui elle se rapporte. Lorsque nous pouvons prévoir les événements extérieurs, nous pouvons souvent prédire, avec peu de risque de nous tromper, les lignes de conduite auxquelles ils donneront lieu. Compte tenu de l'étendue et de l'exactitude de la prévoyance humaine, nous ne pouvons pas déclarer impossible que Celui qui possède une connaissance préalable de la constitution native de chaque être humain et des circonstances et influences déterminantes auxquelles chaque être est soumis puisse connaître d'avance les actes des hommes. , même si leur volonté est entièrement libre.

Chapitre II.

Les ressorts d'action.

Il existe certains éléments de la constitution humaine, en partie naturels, en partie acquis, qui poussent et poussent toujours les hommes à l'action, sans référence au bien ou au mal qu'il peut y avoir dans l'action, et sans référence à ses effets ultimes sur l'esprit de l'acteur. bien-être. Ce sont les appétits, les désirs et les affections.

Section I.

Les appétits.

Les appétits sont des envies du corps, adaptées et sans doute conçues pour assurer la continuité de la vie de l'individu et la préservation de l'espèce. Ils sont communs à l'homme avec les ordres inférieurs des animaux, avec cette différence que chez l'homme ils peuvent être contrôlés, dirigés, modifiés, en partie supprimés, tandis que chez les brutes ils sont incontrôlables et tendent toujours aux mêmes modes de satisfaction.

L'appétit est intermittent. Lorsqu'elle est satisfaite, elle cesse pour un temps et se renouvelle pour la même personne à peu près aux mêmes intervalles et dans des circonstances similaires. C'est, tant qu'elle dure, une sensation inconfortable, voire douloureuse, qui exige donc un soulagement rapide et conduit à une action en vue d'un tel soulagement. C'est aussi une caractéristique de l'appétit que sa satisfaction s'accompagne non seulement d'un soulagement, mais d'un plaisir positif.

Les appétits sont essentiels au bien-être des hommes, individuellement et collectivement. S'il n'y avait pas la douleur de la faim et de la soif, et le plaisir de les satisfaire, l'indolence et l'industrie captivante détourneraient l'attention des hommes de leurs besoins corporels ; la nourriture serait prise de manière irrégulière et avec peu de référence à la qualité ; et l'on ne se rendait souvent compte de sa négligence que trop tard pour en arrêter les conséquences. Une remarque similaire s'applique à l'appétit destiné à assurer la préservation de l'espèce. Sans cela, on peut douter que les hommes assumeraient volontiers les soucis, les travaux, les responsabilités, les déceptions et les chagrins éventuels qu'implique l'éducation des enfants.

Dans une vie conforme à la nature, la faim et la soif ne réapparaissent que lorsque le corps a réellement besoin de l'approvisionnement dont il a besoin. Mais une nourriture stimulante, par la réaction qui suit une forte excitation d'une partie quelconque du système nerveux, peut créer la faim alors qu'il n'y a pas besoin de nourriture, et de la même manière, des liquides non seulement enivrants, mais très stimulants, peuvent provoquer une sensation excessive et morbide. et une soif nuisible.

L'appétit est modifié par l'habitude. Il n'y a pratiquement aucune substance si offensante qu'elle ne puisse, par l'usage, devenir agréable, puis objet de désir et, enfin, d'intense envie.

Le besoin de repos et celui d'action musculaire, bien qu'ils ne soient pas classés parmi les appétits, ont tous leurs caractères et servent des fins similaires dans l'économie de la vie humaine. Après une certaine période d'activité, le repos est ressenti comme une nécessité corporelle, comme l'est la nourriture après un long jeûne ; et de la même manière, lorsque les muscles fatigués ont eu le repos qui leur est dû, il y a une tendance irrésistible à leur exercice, sans référence à aucun emploi ou récréation spécial. C'est par l'alternance de ces tendances que les actifs et les travailleurs sont sauvés des conséquences désastreuses d'un surmenage des membres ou du cerveau, et que les indolents sont poussés à l'activité réticente sans laquelle la santé et la vie elle-même seraient sacrifiées.

Les appétits, n'étant que de simples impulsions corporelles, et étant tous susceptibles d'excès ou de mauvaise direction, ont besoin du contrôle de la volonté et des principes d'action par lesquels la volonté est déterminée et réglée.

Section II.

Les Désirs.

Les désirs se distinguent des appétits, premièrement, en ce qu'ils ne proviennent pas du corps ; deuxièmement, en ce qu'ils ne sont pas nécessairement intermittents ; et troisièmement, dans leur tendance à croître indéfiniment, souvent tout au long de la vie, et à gagner en force en atteignant leurs objectifs spécifiques. Classés selon leurs objets, ils pourraient paraître trop nombreux pour être spécifiés ; mais ils peuvent tous être embrassés sous les titres de désir de connaissance, de société, d'estime, de pouvoir et de supériorité. Tout cela peut être retrouvé, sous une forme plus ou moins rudimentaire, chez les animaux inférieurs. Beaucoup de ces animaux font preuve d'une curiosité active. Beaucoup sont grégaires dans leur état natal, et la plupart des animaux domestiques se plaisent dans la société de leur espèce ; certains prennent un plaisir manifeste dans la société humaine ; et les cas ne sont pas rares dans lesquels des animaux, par nature hostiles les uns aux autres, s'attachent fortement les uns aux autres et se rendent les services les plus amicaux. Le chien, le cheval et le chat ont évidemment besoin de l'estime des êtres humains et montrent des signes de véritable chagrin lorsqu'ils subissent des réprimandes ou discernent des signes de désapprobation. Le chien maintient avec une jalousie vigilante sa propre autorité dans son domaine particulier ; et à la chasse ou sur le terrain de course, le chien et le cheval sont aussi émus du succès que leurs maîtres.

1. Le désir de connaissance. Cela chez l'être humain se manifeste dès l'aube de l'intelligence. Le nourrisson est occupé avec ses yeux et ses mains tout au long de ses heures d'éveil ; et que le désir de connaître est inné et n'a aucun rapport avec l'usage qui doit être fait des choses connues, cela ressort clairement de la croissance rapide des connaissances au cours des premières années de la vie, avant que l'enfant n'ait une conception distincte de l'objet de sa vie. utilisations d'objets, ou toute capacité consciente de les utiliser à son propre bénéfice. On peut se demander si au cours d'une année ultérieure de la vie, on acquiert autant de connaissances que pendant la première année. L' enfant âgé d'à peine un an a appris la nature des objets familiers de la maison et de la rue, les visages et les noms d'un grand nombre de parents, de domestiques et de connaissances, la succession régulière des saisons et des événements de la vie domestique quotidienne, et le sens de la plupart des mots qui lui sont adressés ou employés concernant lui et les objets qui l'entourent. Dans la vie plus avancée, ce désir grandit de ce dont il se nourrit et ne cesse jamais d'être actif. Elle prend, en effet, des directions différentes, en partie déterminantes et en partie déterminées par la condition, la profession ou l'emploi. Même dans les situations les plus oisives et les plus frivoles, elle est forte, souvent intense, même si ses objets ne valent rien. De telles personnes sont souvent aussi assidues dans la collecte des ragots dérisoires de la société que le naturaliste dans l'acquisition de la connaissance de nouvelles espèces de plantes ou d'insectes, et aussi ingénieuses dans leurs déductions à partir de ce qu'elles voient et entendent que le philosophe dans ses inductions à partir des faits de la société. science.

Non seulement dans l'enfance, mais tout au long de la vie, la connaissance est évidemment recherchée pour elle-même et non seulement pour son utilisation. Mais une très petite partie de ce que l'on sait peut être mise à profit pour son propre confort ou son émolument. Beaucoup, en effet, sacrifient volontairement leur aisance, leur gain, leur position dans la poursuite de la science ou de la littérature. La renommée, si elle s'accroît, n'est pas indésirable ; mais les esprits supérieurs ne poursuivent pas la renommée comme une fin, et il existe de nombreux domaines du savoir dans lesquels peu ou pas de réputation peut être acquise. De plus, ce n'est pas l'apprenant, mais l'enseignant, non seulement l'érudit profond, mais l'exposant, l'orateur ou l'écrivain compétent, qui peut s'attendre à un nom distingué ; tandis que nombreux sont ceux qui se contentent d'acquérir des connaissances, sans tenter de publicité. La bienveillance ne peut pas non plus expliquer l'amour de la connaissance. Beaucoup, en effet, font de leurs connaissances la propriété d'autrui et sont zélés à diffuser leurs propres vues scientifiques ou à dispenser un enseignement dans leurs propres départements. Mais il y a aussi de nombreux étudiants solitaires et reclus ; et on peut se demander si, si un homme sérieusement engagé dans une activité intellectuelle était entièrement exclu de la société humaine et laissé seul avec ses livres ou avec la nature, sa diligence serait relâchée ou son ardeur diminuée.

2. Le désir de société. Ceci aussi se manifeste si tôt qu'il montre qu'il s'agit d'un principe original et non d'un principe acquis. Les petits enfants redoutent la solitude, recherchent la présence de visages familiers et manifestent du plaisir en compagnie d'enfants de leur âge. Un enfant élevé dans un isolement et un silence relatifs, si tendre soit-il, souffre souvent dans sa santé, toujours dans sa vigueur et son élasticité mentales ; tandis que dans une famille nombreuse et en association intime avec des compagnons de son âge, l'enfant individuel connaît le développement le plus complet et le plus rapide de toutes ses facultés. Il existe en effet, dans la vie de nombreux enfants, une période où la présence d'étrangers n'est pas la bienvenue ; mais cet état de sentiment – rarement de longue durée – peut dans la plupart des cas être attribué à une frayeur soudaine, à une voix dure, ou à une négligence ou à une méchanceté imaginaire.

Le cours naturel de la vie humaine prouve que l'homme est, par nécessité naturelle, un être social. Les petits des autres animaux sont très tôt émancipés et abandonnés par leurs parents, tandis que l'enfant humain vit de nombreuses années de dépendance et n'est guère disposé à se passer du refuge et des bons offices de sa maison natale, lorsqu'il est transféré vers créer sa propre maison.

Il n'y a aucune activité dans la vie dans laquelle une communauté d'intérêts ne parvient pas à donner plus de piquant et d'énergie. Il n'existe aucun terrain d'association possible sur lequel les sociétés ne se forment, et les prétentions insignifiantes, fictives ou imaginaires sur lesquelles les hommes se combinent, se rencontrent et agissent de concert, sont des preuves manifestes d'une propension sociale si forte qu'elle crée des raisons de s'associer. son indulgence lorsque de telles raisons n'existent pas déjà. Même dans la science et dans les formes d'érudition les plus abstruses, les hommes érudits recherchent une confiance et un encouragement mutuels, et suspendent volontiers leurs recherches et études solitaires pour avoir l'occasion d'intercommunication sur les sujets et les objets de leur poursuite. Les cas dans lesquels la société est volontairement rejetée ou abandonnée sont aussi rares que les cas de maladie ou de malformation congénitale ; et pour chaque cas de ce genre, on peut généralement attribuer une cause grave, sinon suffisante. L'ascèse religieuse a en effet incité de nombreuses personnes, surtout dans les premiers âges chrétiens, à mener une vie solitaire ; mais les cœnobites ont toujours été largement plus nombreux que les ermites ; *les monastères* (demeures solitaires) sont devenus *des couvents* (assemblages) ; et ceux qui sont exclus du reste du monde trouvent du réconfort dans la dévotion sociale, dans le réfectoire commun et dans ces moments de récréation où la loi du silence est suspendue. Pour les prisonniers, l'isolement cellulaire s'est avéré délétère à la fois pour le corps et l'esprit, et ce système, institué dans un but philanthropique et loué pour des motifs qui semblaient intimement liés à la réforme des coupables, est maintenant généralement répudié comme faisant violence à la nature humaine. Même pour les aliénés, la société, avec une classification et des restrictions judicieuses, est un élément essentiel du traitement curatif, et le succès des asiles, comparé au traitement privé le plus habile et le plus humain, est dû en grande partie à l'élément social.

On ne peut pas soutenir que le désir de la société résulte de la peur et du besoin ressenti de protection mutuelle ; car il existe pleinement dans les périodes de la vie les plus intrépides et parmi ceux qui sont les moins timides, et se manifeste également chez les forts et les faibles, chez ceux qui peuvent offrir et chez ceux qui pourraient avoir besoin de protection.

3. Le désir d'estime. Il est presque superflu de dire qu'il s'agit là d'un élément inné et indestructible de la constitution humaine. Ses premières manifestations datent même des premières manifestations d'intelligence et d'affection. Pour le nourrisson, l'approbation est une récompense ; la réprimande, même par le regard, est une punition. L'espoir de l'estime est le stimulant le plus sain et le plus efficace dans les tâches difficiles de l'enfance et de la vie scolaire. Sous la discipline de parents à la fois sages et bons, c'est l'un des moyens de discipline morale les plus importants et les plus salutaires. Il est rarement déficient chez les jeunes. Leur principal danger réside dans son excès ; car lorsqu'elle est trop fortement développée, elle les porte à rechercher à tout prix l'approbation momentanée de leurs associés. D'où le principal danger que représentent les associés vicieux ou sans scrupules. Les premiers pas dans le vice sont sans doute plus souvent motivés par le désir d'un regard complaisant de la part de ses compagnons que par une disposition préalable au mal. En fait, on admet souvent que ces mesures ont été prises avec componction et horreur, uniquement par peur du ridicule et par désir de gagner l'approbation et la faveur des transgresseurs plus âgés.

D'un autre côté, le désir de l'estime des hommes de bien est un des plus puissants motifs auxiliaires de la vertu ; tandis qu'un désir ardent de l'approbation divine constitue une partie essentielle de la vraie piété envers Dieu.

4. Le désir de pouvoir. Cela se manifeste à chaque époque de la vie et dans l'exercice de toutes les facultés corporelles, mentales et morales. C'est ce qui nous procure du plaisir dans les exercices solitaires de force physique, dans l'escalade des montagnes, la natation, le soulèvement de poids lourds, l'exécution de prouesses gymnastiques difficiles. C'est cela, plus qu'une cruauté délibérée, qui pousse les garçons à torturer les animaux, ou à opprimer et tourmenter leurs compagnons plus faibles ou plus timides.

Dans les activités intellectuelles, l'amour du pouvoir conduit à de nombreux exercices et efforts sans résultat ultérieur. Le mathématicien s'éloignera de son programme d'études pour maîtriser un problème qui n'implique aucun principe nouveau, mais qui est simplement difficile et déroutant. La lecture de livres d'une écriture obscure, ou dans des langues qui sollicitent le plus grand pouvoir d'analyse, n'a souvent d'autre résultat, et probablement d'autre objet, que l'épreuve de force. Ce qui ne peut être atteint que par un travail mental intense est recherché pour cette raison même, même s'il ne promet aucune utilité.

Dans les affaires de la vie pratique, chaque homme désire faire sentir son influence. Chez les personnes au caractère le plus élevé, l'amour du pouvoir se manifeste en relation avec le but d'être utile. Même les hommes les plus modestes, même s'ils rejettent la flatterie, sont heureux de savoir qu'ils agissent selon la volonté et façonnent le caractère de ceux qui les entourent.

L'amour de la propriété relève en grande partie de ce chapitre. L'argent, c'est le pouvoir, et c'est particulièrement vrai de nos jours. La propriété confère de l'influence et met à sa disposition des ressources qui peuvent être le moyen d'un pouvoir étendu et croissant à la fois sur la nature inanimée et sur la volonté des hommes. L'avarice, ou le désir de l'argent pour l'argent en soi, n'est pas un désir originel. Rares sont ceux, voire aucun, qui sont avares au tout début de leur vie. Mais l'argent, d'abord recherché pour le pouvoir qu'il confère, de moyen devient une fin, à tel point que, pour le posséder, l'avare renoncera aux usages mêmes pour lesquels il a d'abord appris à l'apprécier.

5. Le désir de supériorité. Ceci est si presque universel dans toutes les conditions de la société et à toutes les époques de la vie, qu'il faut le considérer comme un élément originel de la nature humaine. Sans cela, il y aurait peu de progrès. Dans tous les domaines de la vie, les hommes se stimulent mutuellement vers un niveau plus élevé d'effort, de réussite ou d'excellence. Ce que chacun fait, son voisin voudrait le surpasser ; ce que chacun devient, son voisin voudrait le surpasser. Ce n'est que par perversion que ce désir tend au mal. Il trouve sa propre satisfaction, non pas en écrasant, en déprimant ou en blessant un rival, mais à peine en le dépassant et en le surpassant ; et plus son point d'atteinte est élevé, plus grande est la complaisance éprouvée pour l'atteindre et le transcender. Sur le terrain de course, je ne veux pas rivaliser avec un coureur lent, et cela ne m'apportera pas non plus la moindre satisfaction de gagner la course en faisant trébucher mon concurrent ; ce que je veux, c'est me mesurer au meilleur coureur sur un terrain équitable, et me montrer son égal ou supérieur. L'objet recherché est l'idéal propre de l'individu, et ceux qu'il dépasse successivement au fil de son parcours ne sont que des étapes successives dans sa progression vers cet idéal. Ainsi, dans la poursuite de l'excellence morale, seul un homme mesquin et mauvais peut imaginer qu'il gagne quelque chose en portant atteinte au mérite des autres ; mais celui qui lutte sincèrement pour une place élevée parmi les hommes vertueux, se réjouit des exemples remarquables de bonté de toutes sortes qu'il a le privilège d'imiter, et se réjouit surtout que l'idéal d'excellence parfaite, autrefois seulement réalisé sous forme humaine, - est si pur et si élevé que c'est peut-être l'œuvre de sa vie de s'en approcher sans l'atteindre.

L'émulation n'est pas l'envie et elle ne doit pas non plus conduire à l'envie. Entre ceux qui aspirent à la supériorité, il n'y a pas besoin de collision. Le désir naturel est d' *être* , et non de *paraître* supérieur ; avoir la conscience, et non la simple apparence extérieure, d'une réalisation élevée ; et de réalisation, non pas par une norme conventionnelle, mais par une norme absolue ; et ce but n'en exclut aucun : il peut y avoir autant de premières places qu'il y a de candidats méritants. De plus, il existe une si grande diversité d'idéaux, tant en degré qu'en nature, il existe tant de buts différents et de voies différentes par lesquelles ces buts sont poursuivis, qu'il y a peu de danger d'interférence mutuelle. Même en ce qui concerne les récompenses extérieures, dans la mesure où elles dépendent de la générosité de la nature, de la constitution de la société ou de l'estime générale et de la bonne volonté des hommes, le succès de l'un n'empêche pas le succès égal de plusieurs ; mais, d'un autre côté, la prospérité et l'honneur mérités de l'individu ne peuvent manquer de profiter à la communauté tout entière. Ce n'est que dans les fonctions subordonnées à une élection ou à une nomination que le candidat encourt un risque important d'échec ; mais quand on considère à quel point les hommes sont souvent contraints de se glisser dans les fonctions et de s'y ramper, on peut difficilement supposer qu'un véritable désir de supériorité occupe une place prédominante parmi les motivations de ceux qui dépendent volontairement du patronage ou du suffrage populaire. .

Ces désirs, selon que l'un ou l'autre a l'ascendant, poussent à l'action, sans égard au bien ou au mal qu'il peut y avoir dans l'action ; et ils ont donc besoin du contrôle de la raison et des principes que la raison reconnaît dans le gouvernement de leur conduite.

Section III.

Les affections.

Les Affections se distinguent des Désirs principalement par ces deux particularités : premièrement, les Désirs sont pour des objets impersonnels, les Affections, pour des personnes ; et deuxièmement, que les désirs incitent à des actions qui ont une référence directe à soi-même ; les Affections, à des actions qui ont une référence directe aux autres.

Les affections sont **bienveillantes** ou **malveillantes** .

1. Les **affections bienveillantes** sont l'amour, le respect, la gratitude, la gentillesse, la pitié et la sympathie.

L'amour n'a pas besoin de définition et n'en admet aucune. Cela n'existe probablement jamais sans cause ; bien qu'il survive à tout fondement réel ou imaginaire, et dans certains cas semble rendu encore plus intense par l'indignité reconnue de son objet. Lorsqu'il n'est pas la raison du mariage, il ne peut guère ne pas naître de la relation conjugale entre un homme et une femme, si les devoirs mutuels appartenant à cette relation sont tenus pour sacrés. Il est inconcevable qu'une mère n'aime pas son enfant, inévitablement placé sous sa protection dès le premier instant de son être ; le père qui étend les soins d'un père à ses enfants trouve dans ces soins une source constante d'amour ; et les enfants, s'éveillant à la vie consciente sous les ministères de bienveillance et de bonté parentales, n'éprouvent aucune émotion aussi précoce, ni aucune émotion précoce aussi forte, que l'amour filial. On peut douter qu'il existe entre les membres d'une même famille une affection *naturelle* , indépendante des relations pratiquement reconnues dans la vie domestique. Il est bien certain qu'aux deux extrémités de l'échelle sociale, l'affection familiale est susceptible d'être altérée, d'une part, par la délégation des devoirs parentaux à des mercenaires, et, d'autre part, par l'incapacité de les remplir de manière constante et efficace. Nous pouvons également observer une différence dans l'affection familiale, imputable indirectement à l'influence du climat. La vie au dehors est défavorable à l'union intime des familles ; tandis que l'amour domestique est manifestement le plus fort dans les pays où l'abri et le foyer de la maison commune sont nécessaires pendant une grande partie de l'année.

L'amitié n'est qu'un autre nom pour désigner l'amour entre des personnes sans lien entre elles par des relations domestiques, actuelles ou futures.

L'amour pour l'Être suprême , ou piété, ne diffère pas en nature de l'amour de l'enfant pour son parent ; mais il transcende à juste titre tout autre amour, dans la mesure où les bienfaits reçus de Dieu incluent et dépassent tous les autres bienfaits. S'éveiller à la conscience de notre relation réelle avec Dieu, c'est « l'aimer de tout le cœur, et de toute l'intelligence, et de toute l'âme, et de toute la force ».

La révérence est le sentiment inspiré par une supériorité avancée dans des traits d'esprit et de caractère que nous considérons avec complaisance envers nous-mêmes ou avec estime envers nos égaux. Les qualités que nous n'estimons pas, nous pouvons les contempler avec *admiration* (c'est-à-dire avec émerveillement), mais pas avec révérence. Notre respect pour l'âge n'est pas seulement pour les années avancées, mais pour l'expérience précieuse qu'ils sont censés avoir données, et spécialement pour la maturité d'excellence qui appartient à la vieillesse des hommes bons, dont leurs traits portent généralement l'empreinte. et que, en l'absence de connaissance, nous sommes enclins à attribuer à une mine et à un aspect vénérables. Un vieil homme insensé ou méchant n'inspire aucun respect compte tenu de son âge.

Dieu, comme possédant dans une plénitude infinie toutes les propriétés que nous vénérons chez l'homme, doit toujours être l'objet digne d'une révérence suprême.

La gratitude, bien qu'elle puisse difficilement être dissociée de l'amour, est rarement chérie pour la même personne au même degré que l'amour. Nous aimons nos bénéficiaires plus que nos bienfaiteurs. Nous aimons ceux qui dépendent de nous plus que ceux dont nous dépendons. L'amour de la mère pour son enfant est la plus forte des affections humaines, et dépasse sans doute même celui de l'enfant pour la mère à qui il doit tous les bienfaits et toutes les bénédictions sous le ciel. Nous pouvons être fervents reconnaissants envers des personnes que nous n'avons jamais vues ; mais il ne peut y avoir beaucoup de vivacité dans notre amour pour eux. L'amour envers Dieu, que nous n'avons pas vu, a besoin d'être allumé, renouvelé et soutenu par la gratitude pour le flux incessant de bienfaits venant de Lui, et par la promesse – en fonction du caractère – de bénédictions incommensurables et éternelles.

La gentillesse est une bienveillance envers les autres , un plaisir dans leur bonheur et leur bien-être, une disposition à remplir des fonctions amicales chaque fois et de la manière dont elles peuvent être nécessaires. Dans ses formes inférieures, il est désigné comme *bonne nature* ; lorsqu'elle est intense et universelle, elle s'appelle *philanthropie* . Elle convient à l'individu en tant que membre d'une race apparentée et est considérée comme un attribut si essentiel du caractère humain que celui qui en manque totalement est qualifié d' *inhumain* , tandis que son exercice actif pour soulager le besoin et la souffrance est catégoriquement interdit. appelé *humanité* .

La pitié est l'émotion provoquée par la vue ou la connaissance de la détresse ou de la douleur. Même si sans elle, il ne peut y avoir de véritable gentillesse, elle peut exister sans gentillesse. Il y a des personnes tendrement sensibles à toute forme de souffrance, qui pourtant ne ressentent que pour celui qui souffre, pas avec lui, et qui le considéreraient et le traiteraient avec froideur ou durement, s'il n'était pas un souffrant. Dans de tels cas, la pitié semble être un sentiment égoïste ; et il ne fait aucun doute que certains hommes soulagent la détresse et la pauvreté, comme ils enlèveraient les mauvaises herbes d'un parterre de fleurs, parce qu'elles sont offensantes à la vue.

La sympathie , c'est ressentir, non pas pour, mais avec les autres. ⌐Elle a pour objets les succès et les joies, non moins que les souffrances et les peines ; et est probablement aussi réelle et intense dans le cas du premier que dans celui du second, bien que sa nécessité soit moins ressentie et ses fonctions moins appréciées dans les expériences heureuses que dans les expériences tristes. La gentillesse à elle seule ne peut pas produire de sympathie. Pour ressentir avec un autre, il faut soit avoir vécu des expériences similaires, soit avoir une imagination suffisamment vive pour les rendre distinctement présentes à notre pensée. Ce dernier pouvoir n'est en aucun cas nécessaire pour créer le plus haut degré de bonté ou de pitié ; et parmi les plus actifs et les plus persévérants dans les œuvres de bienfaisance pratique, nombreux sont ceux qui ressentent intensément, mais faiblement, les objets de leur charité. D'un autre côté, la sympathie trouve parfois son principal exercice dans la littérature à sensation, et il y a des personnes, profondément émues par des représentations fictives de détresse, qui restent pourtant inactives et indifférentes à l'égard des besoins réels et des souffrances qui les entourent et qui réclament un soulagement.

2. Les **affections malveillantes** sont la colère, le ressentiment, l'envie, la vengeance et la haine.

La colère est le sentiment d'indignation provoqué par un mal réel ou imaginaire. Lorsqu'elle est provoquée par un acte répréhensible réel et contenue dans des limites raisonnables, elle est non seulement innocente, mais salutaire. Il intensifie le sentiment vertueux qui lui donne naissance ; et sa juste expression fait partie des garanties de la société contre la corruption et le mal. Mais lorsqu'on s'y livre sans raison suffisante, ou qu'on le laisse devenir excessif ou durer au-delà de l'occasion, cela est en soi mauvais, et cela peut conduire à toute forme d'injustice sociale et d'indignation contre les droits de l'homme et la loi de Dieu. .

Le ressentiment est le sentiment excité par une blessure infligée à nous-mêmes. Cela aussi est innocent et naturel, lorsque l'occasion est suffisante et que ses limites sont raisonnables. Cela peut empêcher la répétition des blessures, et cette tendance spontanée, qui est presque universelle, constitue une défense efficace contre l'insulte, l'indignité et l'empiétement sur les droits des individus. Mais, consentie ou prolongée au-delà de la nécessité de la légitime défense, elle a tendance à renverser les parties et à faire de la personne lésée elle-même le coupable.

La colère et le ressentiment sont **des émotions douloureuses** et, pour cette raison, sont auto-limitées dans un esprit bien ordonné. Celui qui fait du bonheur son objectif, s'il est sage, donnera à ces forces perturbatrices le moins d'emprise possible sur lui, que ce soit en intensité ou en durée.

L'envie a été définie comme l'excès d'émulation. Il semble plutôt y avoir une déficience dans le véritable principe d'émulation. Le désir instinctif de supériorité nous porte, comme nous l'avons vu, à viser des réalisations *absolument* élevées et à nous mesurer moins à ce que sont les autres qu'à notre propre idéal. Seuls ceux qui ont des objectifs inférieurs cherchent à supplanter les autres dans leur carrière. L'envie est la tentative, non pas de s'élever ou d'exceller, mais de se maintenir relativement haut en renversant ceux qui occupent ou recherchent une position plus élevée. Aucun juste n'a voté pour le bannissement d'Aristide parce qu'il a toujours été appelé le Juste ; mais son ostracisme était le décret de ceux qui savaient qu'ils ne pourraient obtenir aucune réputation de justice jusqu'à ce qu'il soit mis à l'écart.

La vengeance est le désir d'infliger le mal pour le mal. En principe, c'est toujours faux ; car le malfaiteur, bien qu'il puisse mériter une colère et un ressentiment passagères, n'est donc pas placé au-delà de notre bienveillance, mais est plutôt recommandé à notre charité comme quelqu'un qui peut être réformé et devenir digne de notre estime. En pratique, la vengeance ne peut jamais être juste. Notre amour-propre exagère tellement notre estimation du tort que nous recevons, que nous ne pourrions guère manquer de riposter par un tort plus grand, et de provoquer ainsi une reprise du préjudice. Il existe sans aucun doute des cas dans lesquels la légitime défense peut autoriser le châtiment immédiat ou la neutralisation du fautif, et dans un état de société instable, où il n'existe aucune protection juridique, les individus peuvent avoir le droit de punir la déprédation. ou une indignation personnelle ; mais les actes de ce genre doivent être justifiés par la nécessité et non par la vengeance.

La haine est le résultat de l'une ou l'autre des affections malveillantes mentionnées ci-dessus, lorsqu'elle est portée à l'excès ou qu'elle devient permanente. Elle exclut l'exercice de toutes les affections bienveillantes. Aucun homme ne peut légitimement être l'objet de haine ; car il n'y a aucun homme qui n'ait en lui quelque élément ou possibilité de bien, aucun qui n'ait des droits qui devraient être respectés, aucun qui n'ait droit à la pitié pour ses souffrances et, plus encore, pour ses péchés.

* * * * *

Les affections, bienveillantes et malveillantes, sont communes à l'homme et aux animaux inférieurs. L'amour et la haine sont manifestés par tous ceux dont les habitudes sont exposées à notre inspection ; la colère, de la part de nombreux; gratitude, gentillesse, pitié, sympathie, ressentiment et vengeance, de la part des plus intelligents ; l'envie, par ceux qui sont les plus complètement domestiqués ; respect, peut-être, du chien envers son maître.

Les affections incitent toutes à l'action et ne discriminent pas les qualités des actions. Ils ont donc besoin du contrôle et de la direction de la raison, et ne peuvent être satisfaits en toute sécurité que conformément aux principes que la raison reconnaît comme suprêmes dans la conduite de la vie.

Chapitre III.

Les principes d'action directeurs.

Les appétits, les désirs et les affections constituent la **force motrice** de toute action. Si nous ne les possédions pas, nous ne devrions pas agir. Il n'existe aucun acte d'aucune sorte, bon ou mauvais, noble ou vil, mental ou corporel, dont l'un ou l'autre d'entre eux ne soit la cause immédiate. Ils sont également impératifs dans leurs revendications. Ils ont soif d'une action immédiate, les appétits, en se procurant ou en utilisant les moyens de gratification corporelle ; les désirs, dans l'augmentation de leurs objets ; les affections, en recherchant ou en accordant leurs marques ou expressions appropriées, qu'elles soient bonnes ou mauvaises. S'il n'y avait pas d'arrêt, l'appétit, le désir ou l'affection spécifique auxquels les circonstances ont donné l'ascendant pour le moment, agirait dans la direction qui lui convient, jusqu'à ce qu'il soit contrecarré par un autre, amené à la suprématie par une nouvelle série de circonstances. C'est le cas des brutes, pour autant que l'on puisse observer leurs modes d'action. Ici, chez l'homme, la raison intervient et prend connaissance des tendances et des qualités des actions.

La raison considère les actions sous deux points de vue : l'intérêt et l'obligation, l'opportunité et le droit. Les questions que nous nous posons intérieurement concernant les actions se résument toutes à l'une de celles-ci : l'acte est-il utile ou souhaitable pour moi ? ou, Est-ce mon droit ou mon devoir ? Celui qui a l'habitude de poser la première de ces questions est appelé un homme prudent ; celui qui demande habituellement cette dernière est appelé un homme vertueux ou bon. Celui qui ne demande ni l'une ni l'autre se soumet, à la manière des brutes, aux impulsions de l'appétit, du désir et de l'affection, et omet ainsi d'exercer la raison qui le distingue des brutes.

Il ne fait aucun doute que **l'opportunité et le droit coïncident** . Sous le gouvernement de la Bienveillance Suprême, il est impossible que ce qui doit être fait ne convienne pas au bien-être de celui qui le fait. Mais ses résultats bénéfiques peuvent être trop lointains pour qu'il puisse les retracer, et même, ils peuvent appartenir à une vie au-delà de la mort, à laquelle la connaissance humaine n'atteint pas ; tandis que ce qui ne devrait pas être fait peut promettre des bénéfices substantiels dans la mesure où s'étend la prévoyance de l'homme. Ensuite, on peut au moins supposer qu'il puisse y avoir des cas dans lesquels, s'il s'agissait de cas isolés, l'opportunité pourrait s'écarter du droit, mais dans lesquels, parce qu'ils appartiennent à une classe, il est dans l'intérêt de la société et de tous les individus. membre individuel de la société que les lois générales doivent être respectées. Il est évident aussi qu'il existe de nombreux cas dans lesquels le calcul de l'opportunité implique des détails trop nombreux et trop compliqués pour être pleinement compris par un esprit de discernement ordinaire, tandis que le même esprit peut clairement percevoir quelle ligne de conduite est conforme à la règle stricte du droit. De plus, dans une question de conduite qui concerne l'appétit, le désir ou l'affection, nous ne pouvons pas considérer notre véritable intérêt avec autant de calme et d'impartialité que nous le ferions pour l'intérêt d'une autre personne dans un cas similaire. La force motrice peut être si forte que, pour le moment, nous considérons sincèrement comme opportun — même si nous savons que ce n'est pas juste — d'y céder.

Pour ces raisons, il existe un **conflit apparent entre l'utile et le juste** . Bien qu'un homme parfaitement sage et impartial puisse donner exactement la même réponse dans chaque cas à la question de l'intérêt et à celle du devoir, les hommes, aussi limités et influencés soient-ils, ne peuvent guère manquer dans de nombreux cas de répondre différemment à ces questions. L'homme qui fait de son propre bien imaginé son objectif principal fait beaucoup de choses qu'il ne défendrait pas sur le terrain du droit ; l'homme qui est déterminé à toujours faire le bien accomplit parfois des actes d'abnégation et d'abnégation réputés et conscients.

considérations plus **générales d' opportunité** , faisant référence au bien d'autrui, au plus grand bien du plus grand nombre, ne peuvent pas non plus servir de guide au droit ou de test du droit. Nous avons moins de prévoyance à l'égard des autres qu'à l'égard de nous-mêmes ; les détails impliqués dans l'intérêt véritable d'une communauté, d'une société ou d'un nombre de personnes sont nécessairement plus nombreux et plus compliqués que ceux impliqués dans notre propre bien-être ; et, s'il ne s'agit pas d'appétit ou de désir, les affections bienveillantes ou malveillantes sont tout aussi susceptibles de fausser notre jugement et de détourner notre conduite dans le cas des autres que dans notre propre cas.

Nous percevons alors que l' **opportunité** , que ce soit par rapport à nous-mêmes ou à autrui, **n'est pas une règle de conduite digne de confiance** . Pourtant, même s'il ne peut occuper la première place, il occupe une place importante ; car il existe de nombreux cas dans lesquels la question qui se pose à nous n'est pas de savoir ce que nous devons faire, mais ce qu'il est préférable que nous fassions. Ainsi, s'il y a plusieurs actes, tous également bons, et dont un seul peut être accompli, nous avons évidemment le droit d'accomplir l'acte qui nous sera le plus agréable ou le plus utile. S'il existe une fin que nous avons le droit ou le devoir d'atteindre, et s'il existe plusieurs manières également innocentes d'y parvenir, la question pour nous est de savoir par laquelle de ces manières nous pouvons trouver le moins de difficultés ou obtenir la plus grande jouissance ou le plus grand avantage. . S'il y a plusieurs devoirs qui nous incombent en même temps et en même lieu, qui ont tous des droits intrinsèques égaux, mais dont l'un doit nécessairement avoir préséance sur les autres, la question qui aura la priorité est une question d'opportunité, celle par laquelle nous pouvons faire le plus de bien étant le devoir le plus important.

L'opportunité n'est pas une caractéristique des actions. Un acte n'est pas en soi opportun ou inopportun, mais est réalisé l'un ou l'autre par les seules circonstances variables ; tandis qu'il y a des actes bons en eux-mêmes qu'aucune circonstance possible ne pourrait rendre mauvais, et il y a des actes mauvais en soi qu'aucune circonstance possible ne pourrait rendre bons. S'il existe donc une science qui a pour domaine d'étude les qualités intrinsèques des actions, les questions d'opportunité n'ont pas leur place dans une telle science.

La philosophie morale, ou éthique (termes synonymes), est la science qui traite des actions humaines. Le terme *morale* est souvent appliqué aux actions extérieures ; mais toujours en référence aux intentions dont ils procèdent. Nous pouvons concevoir le traitement des actions sous divers aspects, comme sages ou imprudents, agréables ou désagréables, spontanées ou délibérées ; mais du commun accord de l'humanité, du moins de la partie civilisée et éclairée de l'humanité, la distinction des actions comme bonnes ou mauvaises est considérée comme d'une importance qui transcende tellement toutes les autres distinctions, qu'elle leur donne relativement peu d'importance. C'est pourquoi la philosophie morale se borne à cette seule distinction, et ne prend connaissance des autres que dans la mesure où elles la modifient ou sont modifiées par elle. Les questions que pose la philosophie morale et auxquelles elle répond sont les suivantes : Qu'est-ce qui constitue le droit ? Comment peut-on s'en assurer ? Où réside l'obligation du droit ? Quelles sont les motivations pour agir correctement ? Quelles actions spécifiques, ou classes d'actions, sont correctes, et pourquoi ? Quelles actions ou catégories d'actions spécifiques sont erronées, et pourquoi ?

Chapitre IV.

La droite.

Chaque objet, de par son existence, a sa **place, son but, ses utilisations et ses relations** . A chaque instant, chaque objet spécifique est soit à sa place, soit hors de sa place, remplissant ou non sa destination, asservi ou aliéné à ses usages, en accord ou en désaccord avec ses relations, et donc dans un état d'aptitude ou *d'*inaptitude . en ce qui concerne les autres objets. Chaque objet est à chaque instant sous le contrôle de la volonté intelligente de l'Être Suprême, ou d'un être fini, et est par cette volonté maintenu soit à sa place, soit à l'extérieur de sa place, de son but, de ses usages ou de ses relations, et ainsi dans un état d'aptitude ou d'inaptitude à l'égard d'autres objets. Tout être intelligent, en vertu de son existence, entretient certaines relations définies avec les objets extérieurs, avec ses semblables et avec son Créateur. A chaque instant, chaque être intelligent est soit fidèle, soit infidèle à ces relations, et donc dans un état d'aptitude ou d'inaptitude à l'égard des objets extérieurs et des autres êtres. Ainsi, l'aptitude ou l'inaptitude peut être affirmée, à tout moment, de tout objet existant, de la volonté par laquelle chaque objet est contrôlé, et de tout être intelligent, en ce qui concerne l'exercice de sa volonté envers ou sur les objets extérieurs ou sur ses semblables. -des êtres. La forme physique et l'inaptitude sont les idées ultimes impliquées dans les termes *bien* et *mal* . Ces derniers sont des termes métaphoriques : droit (latin : *rectus*), droit, debout, selon la règle, et donc *adapté* ; faux, *tordu* , déformé, dévié, tordu hors de propos, contraire à la règle, et donc *inapte* . Nous sommes ainsi constitués que nous ne pouvons pas aider en matière de condition physique avec complaisance et estime ; l'inaptitude, avec désestime et désapprobation, même si nous la créons nous-mêmes ou l'incarnons.

La condition physique est la seule norme selon laquelle nous considérons nos propres actions ou celles des autres comme bonnes ou mauvaises, et par laquelle nous nous justifions ou nous condamnons nous-mêmes ou condamnons les autres. Le devoir a l'aptitude pour seul but et fin. Quel que soit l'objet qui se trouve sous notre contrôle, sa place, son but, ses utilisations et ses relations sont *dus* ; et notre perception de ce qui est ainsi dû constitue notre *devoir* et éveille en nous un sentiment d'obligation. À nous-mêmes, ainsi qu'à d'autres êtres et objets, notre fidélité à nos relations a en elle une adéquation intrinsèque ; cette forme physique est *due* à eux et à nous-mêmes ; et notre perception de ce qui est ainsi dû constitue notre *devoir* et éveille en nous un sentiment d'obligation.

Le bien et le mal ne dépendent pas de la connaissance de l'agent moral. L'inaptitude, le mauvais usage, l'abus n'en sont pas moins intrinsèquement mauvais, car ils sont le résultat de l'ignorance. Cela n'est pas en harmonie avec la convenance des choses. Il prive un objet de son usage. Il pervertit et conduit à des résultats pernicieux ce qui est salutaire dans son objectif. Cela diminue pour l'agent son ensemble de bien et de bonheur, et augmente pour lui son ensemble de mal et de misère. En ce sens – bien plus significatif que celui de l'arbitraire – la maxime bien connue de la jurisprudence : « L'ignorance de la loi n'excuse personne » [2] est une loi fondamentale de la nature.

Il existe cependant une distinction importante entre **le droit absolu et le droit relatif** . Dans l'action, le droit absolu est une conduite en entière conformité avec les êtres et les objets tels qu'ils sont ; le droit relatif est une conduite conforme aux êtres et aux objets tels que nous croyons qu'ils sont, avec les meilleurs moyens de connaissance à notre portée. Seul l'Être Omniscient peut avoir une connaissance parfaite de tous les êtres et choses tels qu'ils sont. Ces connaissances sont possédées par les hommes à des degrés différents, correspondant à leurs mesures respectives d'intelligence, de sagacité, de culture et d'expérience personnelle ou traditionnelle. Dans les conditions les plus rudes de la société, les actes qui nous semblent atrocement mauvais, procèdent souvent d'une méprise honnête et inévitable, ont une intention juste et sont donc de véritables objets d'approbation morale. Dans un état d'intelligence avancé, et particulièrement dans une culture religieuse élevée, bien que le domaine des choses inconnues dépasse de loin celui des choses connues, il existe une compréhension suffisamment claire des objets et des relations de la vie ordinaire pour garantir les hommes contre les péchés d'ignorance, et de ne laisser dans leurs méfaits aucun semblant ni vestige de droit.

La distinction entre droit absolu et droit relatif permet de **concilier deux énoncés qui pouvaient paraître incohérents** l'un avec l'autre, à savoir que « le caractère d'une action, qu'elle soit bonne ou mauvaise, dépend de l'intention de l'agent » et « que l'inaptitude de l'action » , la mauvaise utilisation, l'abus, n'en sont pas moins mauvais car le résultat de l'ignorance. Ces deux propositions sont vraies. Le même acte peut être dans l'intention juste et bon, et pourtant, par défaut de connaissance, mauvais et mauvais ; et il peut, en vertu de sa bonne intention, être accompagné et suivi de résultats bénéfiques, tandis qu'en même temps le mal qu'il contient peut être accompagné ou suivi de conséquences préjudiciables. Nous pouvons mieux illustrer ce double caractère des actions par un cas si simple que nous pouvons le comprendre d'un seul coup d'œil. Je supposerai que j'apporte à un malade une potion que je crois être un remède efficace, mais qui, par une erreur dont je ne suis pas responsable, se révèle être un poison mortel. Mon acte, selon les normes du droit absolu, est un acte inadéquat et donc mauvais, et il a pour résultat inévitable le décès du patient. Mais parce que mon intention était bonne, je ne me suis placé dans aucune mauvaise relation avec Dieu ou l'homme. Bien plus, si j'ai obtenu ce que je supposais être une potion de guérison avec soin, coût et peine, et pour quelqu'un dont la souffrance et le besoin étaient son seul droit sur moi, je me serais, par mon travail d'amour, entré dans une relation encore plus intime. , filiale et fraternelle, avec Dieu et les hommes, dont le résultat doit être mon utilité et mon bonheur accrus. Si, au contraire, j'avais eu l'intention d'empoisonner cet homme, mais que je lui avais donné par erreur une potion de guérison, mon acte aurait été tout à fait juste, car conforme à l'convenance des choses, mais relativement mauvais, car dans son intention et son but opposés. à l'adéquation des choses; et comme cela était approprié en soi, cela aurait fait du bien au malade, tandis que, comme cela ne convenait pas à son objectif, cela m'aurait jeté hors des relations dans lesquelles je devrais être à la fois avec Dieu et avec l'homme.

Les erreurs concernant des actes de devoir spécifiques présentent l'analogie la plus étroite possible avec le cas du poison administré à titre médical. Le sauvage, qui veut sincèrement exprimer du respect, de la bonté, de la loyauté, de la fidélité, peut accomplir, en exprimant ces sentiments, des actes qui sont tout à fait inappropriés, et donc tout à fait mauvais ; et s'il en est ainsi, chacun de ces actes produit ses conséquences, elles peuvent être funestes et lamentables. Cependant, parce qu'il a fait de son mieux pour exprimer ces sentiments, il n'a pas sombré, mais il s'est élevé dans son caractère d'être moral, il est devenu meilleur et plus capable de faire le bien.

L'ignorance du droit , cependant, **est innocente, seulement lorsqu'elle est inévitable** . Au moment de l'action, en effet, ce qui me semble approprié est relativement juste, et si je faisais autrement, même si mon acte était absolument juste, ce serait relativement mauvais. Mais si j'ai eu et négligé les moyens de connaître le droit, j'ai violé les aptitudes de ma propre nature en n'employant pas mes capacités cognitives sur des sujets d'importance vitale pour mon bien-être. Dans ce cas, bien que ce qu'on appelle les péchés de l'ignorance puissent être des erreurs et non des péchés, l'ignorance elle-même présente toutes les caractéristiques qui s'attachent au terme *péché* et doit entraîner des **conséquences proportionnellement néfastes pour le délinquant** .

Chapitre V.

Moyens et sources de connaissances sur le bien et le mal.

Section I.

Conscience.

La conscience est un moyen et non une source **de connaissance** . C'est analogue à la vue et à l'ouïe. C'est le pouvoir de percevoir la forme physique et l'inaptitude. Encore plus, c'est la conscience, un sentiment de notre propre relation personnelle avec ce qui convient et ce qui ne convient pas, de notre pouvoir de les actualiser dans notre intention, notre volonté et notre conduite. C'est sur ce dernier point que l'homme diffère des animaux inférieurs. Ils ont une perception instinctive de leur forme physique et une impulsion instinctive à agir selon leur nature. Mais aucune brute ne se dit : « J'agis conformément à la convenance des choses » ; tandis que l'homme se dit virtuellement, dans chaque acte : « Je fais ce qu'il me convient de faire » ou : « Je fais ce qu'il ne me convient pas de faire ».

La conscience est une faculté judiciaire. Ses décisions sont basées sur les connaissances dont dispose l'individu, qu'elles soient réelles ou imaginaires, et quelle qu'en soit la source. Il juge selon la loi et les preuves qui lui sont présentées. Son verdict est toujours relativement juste, un verdict authentique (*verum dictum*), bien que, selon la norme absolue du droit, il puisse être erroné, par défaut de connaissance, exactement comme dans un tribunal un juge infailliblement sage et incorruptiblement juste peut le faire. prononcer une décision totalement erronée ou injuste, s'il a devant lui un faux exposé des faits, ou si la loi qu'il est obligé d'appliquer est injuste.

Nous pouvons **illustrer la fonction de la conscience** en nous référant à une question qui agite actuellement notre communauté, celle de l'aptitude morale à l'usage modéré des liqueurs fermentées. Dans la société civilisée, l'ivresse est universellement connue pour s'opposer aux aptitudes du corps et de l'esprit, à l'abus des boissons alcoolisées et à l'abus de la personnalité du buveur ; et il est donc condamné par toutes les consciences, et par celles de ses victimes. Mais la question reste ouverte de savoir si l'abstinence totale de boissons fermentées est un devoir, et c'est une question de fait. Un parti déclare : « L'alcool, sous toutes ses formes et en moindre quantité, est un poison virulent, et donc impropre au corps et à l'esprit. » L'autre dit : « Le vin, modérément consommé, est sain, salutaire, réparateur, et donc adapté au corps et à l'esprit. » Changer l'opinion de ces derniers, leur conscience prendrait aussitôt le parti inverse ; et s'ils conservaient dans les préceptes et dans la pratique leur position actuelle, ils la maintiendraient auto-condamnés. Si l'on changeait l'opinion du premier parti, sa conscience prendrait le terrain qu'il attaque aujourd'hui. Démontrons à la communauté entière — comme il faut espérer que la physiologie le fera un jour prochain — la vérité précise en cette matière, il ne subsisterait aucune différence de jugement consciencieux, quelle que soit la différence de pratique qui puisse encore subsister.

La conscience , comme toutes les facultés perceptives, **pousse à l'action en fonction de ses perceptions** . Sous ce rapport, elle ne diffère en rien de la vue, de l'ouïe et du goût. Notre tendance naturelle est d'orienter nos mouvements en référence aux objets situés dans le champ de notre vision, de gouverner notre conduite par ce que nous entendons, de ne prendre dans notre bouche que des substances agréables au goût. Pourtant la peur, la témérité ou le courage peuvent nous pousser à courir des dangers que nous voyons clairement ; l'opiniâtreté ou l'obstination peuvent nous rendre intérieurement sourds aux conseils ou aux avertissements que nous entendons ; et des motifs de santé peuvent nous inciter à avaler les drogues les plus nauséabondes. De la même manière, notre tendance inévitable est de gouverner notre conduite selon l'adéquation des choses lorsqu'elles sont clairement perçues ; mais un appétit, un désir ou une affection intenses et effrénés peuvent nous conduire à violer cette aptitude, bien que distinctement vu et reconnu.

Les hommes n'agissent à l'encontre de leur conscience que sous l'effet d'une tentation immédiate et forte. La grande majorité des actes des méchants sont consciencieux, mais ils ne sont pas pour autant méritoires ; car le mérite ne consiste pas à faire le bien lorsqu'il n'y a aucune tentation du mal, mais à résister à la tentation. Mais, comme nous l'avons dit, il est aussi naturel, lorsqu'il n'y a aucune incitation au contraire, d'agir conformément à l'convenance des choses, qu'il l'est d'agir conformément à ce que nous voyons et entendons. C'est la tendance à agir ainsi qui seule rend la société humaine possible, en l'absence de principes moraux élevés. Pour vivre, un homme doit agir ainsi en référence à la nature extérieure ; Encore plus doit-il agir ainsi, afin de posséder la camaraderie humaine, le confort physique, la jouissance passagère, si basse soit-elle ; et le misérable le plus dépravé qui parcourt la terre achète sa continuité d'être et le plaisir qu'il en tire par mille actes conformes à l'adéquation des choses à celle dans laquelle il viole cette aptitude.

La conscience , comme toutes les facultés perceptives, **s'éduque par l'usage** . L'œil de l'horloger ou du botaniste acquiert une acuité visuelle presque microscopique. L'ouïe de l'aveugle est si bien entraînée qu'elle supplée, en grande partie, au manque de vue. Le goût de l'épicurien peut distinguer des saveurs dont les différences sont imperceptibles pour un palais ordinaire. De la même manière, la conscience qui est constamment et soigneusement exercée pour juger de ce qui convient et de ce qui ne convient pas, du bien et du mal, devient prompte, aiguë, approfondie, sensible, complète et microscopique. D'un autre côté, la conscience, comme les sens, si elle est rarement mise en exercice, devient paresseuse, inerte, incapable de discernement minutieux ou de vigilance sur la conduite ordinaire de la vie. Pourtant, il n'est jamais éteint et n'est jamais perverti. Lorsqu'il est poussé à l'action, même chez les plus obstinés, il reprend sa sévérité judiciaire et rend son verdict dans une agonie pleine de remords.

On dit communément que la conscience s'éduque par **l'accroissement des connaissances** sur les relations entre les êtres et les objets, sur les lois morales de l'univers et sur les vérités religieuses. Cependant, cela n'est pas vrai. La connaissance n'accélère pas nécessairement l'activité de la conscience ni n'augmente son pouvoir discriminant. La conscience est souvent intense et vive chez les plus ignorants, inactive et engourdie chez les personnes dont les capacités cognitives ont eu la culture la plus généreuse. La connaissance, en effet, rend les décisions de la conscience plus conformes et plus constantes au droit absolu, mais elle ne rend pas ses décisions plus certainement conformes au droit relatif, c'est-à-dire à ce que l'individu, de son point de vue, devrait vouloir et faire. Cela a le même effet sur la conscience qu'un témoignage précis a sur le juge clair et intègre, dont l'esprit n'en est pas rendu plus actif ou plus discriminant, ni sa décision plus conforme aux faits tels qu'ils lui sont présentés. La connaissance est en effet un auxiliaire indispensable à la conscience ; mais cela ne peut être affirmé exclusivement pour un domaine spécifique de la connaissance. Cela est vrai de toute connaissance ; car il n'y a aucun fait ou loi dans l'univers qui ne puisse, dans certaines éventualités, devenir le sujet ou l'occasion de l'action de la conscience. Rien ne pourrait sembler plus éloigné du champ de conscience ordinaire que la théorie du mouvement planétaire ; pourtant c'est cela qui a donné à Galilée la seule grande occasion de sa vie de tester la suprématie de la conscience, - peut-être la seule occasion où sa conscience s'est prononcée fortement contre son intérêt apparent, et où l'obéissance à la conscience aurait dû il a évité le seul nuage qui ait jamais pesé sur sa renommée.

Section II.

Sources de connaissances. 1. Observation, expérience et tradition.

Sauf dans la mesure où il peut y avoir eu des communications directes de l'Être Suprême, toute **la connaissance humaine** des personnes, des objets et des relations **dérive** , en dernier ressort, **de l'observation** . L'expérience n'est qu'une simple observation de soi mémorisée. La tradition, orale et écrite, est une observation accumulée et condensée ; et grâce à cela, chaque nouvelle génération peut profiter de l'expérience des générations précédentes, peut ainsi trouver le temps d'explorer de nouveaux domaines de connaissance et transmettre ainsi ses propres traditions aux générations qui suivront. Or, ce que nous observons dans les objets, ce sont principalement leurs propriétés, ou, ce qui revient au même, leurs *aptitudes* ; car une propriété est ce qui convient à un objet pour un lieu ou un usage spécifique. Ce que nous observons chez les personnes, ce sont leurs relations avec d'autres êtres et objets, avec les fitnesses qui appartiennent à ces relations. Ce que nous expérimentons se résout en l'adéquation ou l'inaptitude des personnes et des objets à l'un ou l'autre. **un autre** ou à nous-mêmes. Ce qui est transmis dans l'histoire et dans la science, c'est l'enregistrement des aptitudes ou des inaptitudes qui ont été constatées par l'observation ou testées par l'expérience. Le progrès de la connaissance est simplement une connaissance élargie des aptitudes des personnes et des choses. Celui qui sait le mieux est celui qui comprend le mieux les relations dans lesquelles les êtres et les objets de l'univers se trouvent, se sont tenus et devraient se tenir les uns envers les autres. De plus, de même que lorsque nous constatons une aptitude dans notre sphère d'action, nous percevons intuitivement qu'il est bien de la respecter, et mal de la violer, notre connaissance du bien et du mal est co-extensive à notre connaissance des personnes et des choses. Plus une nation est éclairée et cultivée, plus elle connaît le bien et le mal, quels que soient ses principes de moralité pratique.

Par exemple, dans l'état le plus sauvage, les hommes savent, en ce qui concerne certains aliments **et boissons** , qu'ils sont adaptés pour soulager les envies de la faim et de la soif, et ils n'en savent rien de plus. Ils ne connaissent pas les lois de la santé, qu'elle soit physique ou mentale. Ils mangent et boivent donc tout ce qui leur tombe sous la main, sans imaginer la possibilité de mal agir en la matière. Mais, avec les progrès de la civilisation, ils apprennent que diverses sortes d'aliments et de boissons nuisent à la santé, obscurcissent le cerveau, affaiblissent la capacité de travail et sont donc impropres à l'usage humain ; et à peine cela est-il connu, que la distinction entre le bien et le mal commence à être reconnue quant à ce que les hommes mangent et boivent. Plus la connaissance du corps humain et de l'action des diverses substances sur ses organes et ses tissus est approfondie, plus la perception de l'aptitude ou de l'inaptitude des objets qui tentent les appétits sera minutieuse et différenciée, et plus la perception de l'aptitude ou de l'inaptitude des objets qui tentent les appétits sera fine et précise. le sentiment de bien ou de mal dans leur utilisation.

Pour une autre illustration du même principe, nous pouvons prendre **la relation entre parents et enfants** . Dans les stades les plus grossiers de la société, et particulièrement chez un peuple nomade ou migrateur, il n'y a pas une connaissance suffisante des ressources de la nature ou des possibilités de l'art pour rendre même une vie saine et vigoureuse plus que tolérable ; tandis que pour les infirmes et les faibles, la vie n'est qu'un fardeau et une lassitude prolongés. En même temps, on ne comprend pas la valeur intellectuelle et morale de la vie humaine, encore moins la valeur même de ses expériences les plus douloureuses en tant que discipline au bénéfice éternel. En bref, la vie n'est guère plus qu'une simple lutte pour l'existence. Il n'est donc pas étonnant que, dans certaines tribus, la piété filiale ait eu l'habitude de soulager des parents surannées d'une existence dépourvue également de joie et d'espoir ; et que chez d'autres, l'amour parental a peut-être même dicté l'exposition – en vue de leur disparition – d'enfants faibles, maladifs et difformes, incapables d'être élevés dans une vie autonome et dépendante ? Mais une conversation accrue avec la nature et l'art révèle constamment de nouvelles capacités de confort et de bonheur dans la vie, et cela, non seulement pour les forts, mais pour les faibles, les souffrants, les impuissants, de sorte qu'il n'y a personne à qui l'humanité ne sache comment s'adresser. rendre la vie continue souhaitable. En même temps, une culture supérieure a montré clairement que le corps le plus fragile peut être le siège de l'activité mentale, de l'excellence morale et de l'aspiration spirituelle les plus élevées, et que dans un tel corps il n'y a souvent qu'une éducation plus sûre et plus complète. un état d'être supérieur. La piété filiale et l'amour parental font donc tout ce qui est en leur pouvoir pour prolonger l'existence vacillante de ceux qui sont usés par le temps et décrépits, et pour chérir avec un tendre soin la vie qui semble naître mais pour mourir. Il y a donc, à la vision limitée du sauvage, une apparente aptitude à des pratiques qui, dans leur premier aspect, semblent des crimes contre nature ; tandis qu'une connaissance accrue développe une forme physique réelle et essentielle, dans tous les raffinements et les affections de l'amour le plus persévérant et le plus habile.

Ces exemples, qu'on pourrait multiplier à l'infini, montrent **la dépendance de la conscience à l'égard de la connaissance** , non pour des décisions relativement justes, mais pour des verdicts conformes au droit absolu. Il n'existe aucun sujet susceptible d'être soumis à l'action de la conscience sur lequel, précisément selon les mêmes principes, des conduites divergentes et souvent opposées ne puissent être dictées par une connaissance plus ou moins exacte du sujet et de ses relations.

On verra également qu'avec **le développement des connaissances, la conscience dispose d'un champ d'action de plus en plus large** . Le nombre des actes indifférents est ainsi diminué ; le nombre d' actes positivement bons ou mauvais a augmenté. Un acte *indifférent* est un acte pour lequel, plutôt que son contraire, aucune raison, impliquant une question de bien ou de mal, ne peut être donnée. Ainsi, si l' accomplissement ou l'omission d'un acte spécifique est également adapté au temps, au lieu, aux circonstances et aux personnes concernées, l'acte est indifférent ; ou, si deux ou plusieurs manières d'accomplir un but désiré sont également adaptées au temps, au lieu, aux circonstances et aux personnes, le choix entre ces manières est, moralement parlant, une question d'indifférence. Mais avec une connaissance à la fois plus étendue et plus minutieuse de la nature, des relations et des aptitudes des êtres et des objets, nous trouvons un nombre croissant de cas dans lesquels des actes qui semblaient indifférents ont une aptitude ou une inaptitude clairement perceptible et acquièrent ainsi une valeur morale distincte. caractère comme étant juste ou faux.

Section III.

Sources de connaissances. 2. Loi.

Le droit est le résultat de l'expérience collective , en partie, de communautés particulières, en partie, de la race humaine dans son ensemble. Il encourage, protège ou au moins permet tous les actes ou modes de conduite qui ont été trouvés ou crus appropriés, conformément à la nature des choses et au bien-être des hommes, et donc justes ; elle interdit et punit les actes ou modes de conduite jugés ou jugés inadaptés, contraires à la nature et au bien-être humain, et donc mauvais. C'est loin d'être parfait ; il est au-dessous du niveau des esprits les plus avancés ; mais il représente la connaissance ou la croyance moyenne de la communauté à laquelle il appartient. **Les lois** d'un État particulier ne peuvent pas s'élever bien au-dessus de cette moyenne ; car les lois non soutenues par l'opinion générale ne pourraient pas être exécutées, et si elles existaient dans le livre de lois, elles n'auraient ni la nature ni la force de la loi, et resteraient enregistrées simplement parce qu'elles seraient devenues caduques. Ils ne peuvent pas non plus tomber bien en dessous de cette moyenne ; car aucun gouvernement ne peut survivre tant que sa législation ne parvient pas à répondre aux demandes du peuple.

Si **le droit** exprime ainsi la connaissance moyenne des croyances, il **tend à perpétuer sa propre norme morale** . Les notions de droit qu'il incarne font partie de l'enseignement général. Les crimes, vices et torts spécifiques que la loi prévoit comme punition sont considérés par les jeunes gens, dès leurs premières années, comme dignes de la censure et de la condamnation les plus catégoriques ; tandis que ceux que la loi laisse impunis sont considérés comme relativement légers et véniels. De plus, le degré de haine avec lequel une communauté apprend à considérer des crimes et des délits spécifiques n'est pas proportionnel à leur horreur réelle, mais au stress de l'ignominie manifeste qui leur est attachée par les sanctions légales. On se rappellera facilement des exemples de cet effet de la loi sur l'opinion. Ainsi, un vulgaire voleur perd et peut difficilement retrouver sa position dans la société ; tandis que l'homme qui, par une faillite malhonnête, commet cent vols en un, peut conserver sa place sans contestation, même dans l'Église chrétienne, alors que chacun sait qu'il vit, peut-être dans le luxe, de l'argent qu'il a volé. . La raison évidente est que, depuis des temps immémoriaux, le simple vol a été puni avec la sévérité qui s'impose, voire avec une sévérité excessive, tandis que le crime relativement récent de faillite frauduleuse a encore été très imparfaitement soumis au droit pénal. De plus, aucun homme doté d'un discernement moral clair ne peut douter que celui qui s'imbrut consciemment et volontairement par l'ivresse est plus coupable que celui qui vend des boissons alcoolisées sans savoir si elles doivent être utilisées à l'intérieur ou à l'extérieur, modérément ou immodérément, à des fins médicales ou de luxe. . Cependant, parce que ce dernier s'expose à une amende et à une peine d'emprisonnement, tandis que le premier, à moins qu'il n'appartienne à des classes défavorisées, bénéficie d'une protection légale, au lieu de la punition honteuse qu'il mérite, il existe un préjugé populaire contre le vendeur de boissons fortes, et un étrange tendresse envers le consommateur intempérant. Encore un autre exemple. Il existe des crimes pires que le meurtre. Il existe des modes de corruption et de ruine morales dont il fallait tuer les victimes par pitié. Mais tandis que le meurtrier, s'il échappe à la potence, est un paria et un objet d'horreur universelle, aucune interdiction sociale ne pèse sur celui dont le crime a été la mort de l'innocence et de la pureté, et pourtant, si elle est atteinte par la loi, elle peut être aggravée. par le paiement d'argent.

Mais bien que le droit soit à bien des égards un enseignant moral imparfait et que ses déficiences soient regrettables, son **pouvoir éducatif** est fortement ressenti pour le bien, en particulier dans les communautés où l'administration de la justice est stricte et impartiale. Il n'est pas peu important qu'un enfant grandisse avec des croyances fixes quant à la turpitude de certaines formes de mal, d'autant plus que les dispositions positives de la loi pénale coïncident presque toujours avec les jugements les plus sages des meilleurs hommes de la communauté. De plus, la loi est progressiste dans toute communauté civilisée, et à mesure qu'elle se rapproche du droit absolu, elle tend à rendre les croyances morales du peuple plus conformes à ce même critère. C'est donc une vision partielle et étroite du droit que de le considérer uniquement ou principalement comme l'instrument de la société pour détecter et punir, ou même pour prévenir directement le crime. Sa fonction bien plus importante est de former la plus grande partie de chaque génération montante, de telle sorte que certaines formes et modes de mauvaises actions n'entrent jamais dans leurs plans ou objectifs.

Le **droit civil** , tout autant que le **droit pénal, est une source de connaissance du droit** . La loi ne crée pas, mais définit simplement les droits relatifs aux personnes et aux biens. Les lois des différentes nations sont, en effet, très différentes ; mais il peut y avoir dans leurs histoires respectives des éléments qui font une différence dans les droits réels des citoyens, ou bien leurs codes civils peuvent présenter différentes étapes d'approche vers le droit. Ainsi, les lois relatives au transfert et à l'héritage des biens sont, à certains égards, différentes en France, en Angleterre et aux États-Unis, et varient considérablement dans les différents États de notre Union ; mais il existe généralement des raisons historiques à cette variation, et on constaterait que les fins de la justice sont mieux servies et les attentes raisonnables du peuple mieux satisfaites dans chaque communauté, par ses propres méthodes de procédure. Par la loi du pays, nous pouvons donc connaître les droits et obligations civils, que nous n'avons pas les moyens de vérifier par nos propres recherches indépendantes.

Il nous reste à parler du **bien et du mal factices** , censés être créés par la loi. Il y en a beaucoup. Ainsi, un mode de réalisation d'une vente ou d'un transfert est en soi aussi bon qu'un autre ; et on pourrait soutenir de manière plausible que, si les affaires sont conduites de manière juste et honorable, peu importe que les formes légalement prescrites – parfois lourdes et coûteuses – soient respectées ou omises. La loi, peut-on dire, crée ici une obligation qui n'a aucun fondement dans la nature ou dans l'adéquation des choses. Nous le nions. Il est intrinsèquement approprié que toutes les transactions susceptibles d'être contestées ou mises en question soient effectuées de manière à pouvoir être attestées ; et cela ne peut être réalisé que par l'établissement de méthodes uniformes. Celui qui s'en écarte commet non seulement un acte illégal, mais aussi un acte immoral ; et les dispositions juridiques du genre en discussion ont une valeur éducative en élargissant la connaissance de l'individu quant aux conditions et aux moyens de sécurité, d'ordre et de bonne entente dans la société humaine.

Des considérations similaires s'appliquent aux **crimes créés par la loi** . La contrebande peut servir d'exemple. Il y a sans aucun doute des contrebandiers qui ne voleraient pas ; et leurs excuses sont qu'ils ne font qu'exercer les droits de propriété sur leurs propres biens. Mais il faut que le public ait la propriété, sinon sa communauté est dissoute ; le gouvernement doit pouvoir disposer de cette propriété, sinon ses fonctions sont suspendues. Il faut enseigner aux hommes que les droits de l'État sont inséparables de ceux des individus et qu'ils ne sont pas moins sacrés, et que les lois qui protègent les revenus sont parmi les moyens les plus efficaces d'enseigner cette leçon. Leur seul défaut est qu'ils attachent moins d'ignominie aux fraudes sur les revenus qu'aux autres modes de vol, et omettent ainsi de déclarer toute la vérité, qu'il n'y a aucune différence morale entre celui qui vole le public et celui qui vole l'un de ses biens. membres individuels.

Section IV.

Sources de connaissances. 3. Christianisme.

La religion , dans ses relations avec l'éthique, peut être considérée à la fois comme **une source de connaissance** et comme une source de motivation pour l'accomplissement du devoir. Nous nous en occupons maintenant sous le premier aspect ; et il suffira pour notre propos actuel de vérifier combien **le christianisme** ajoute à notre connaissance des aptitudes qui sont à la base de toutes les questions de droit et de devoir. Nous ne sous-estimons en aucun cas le ministère bienfaisant de la religion naturelle dans le domaine de l'éthique ; mais les plus sceptiques admettent que le christianisme inclut toute la religion naturelle, tandis que ses disciples prétendent que non seulement il enseigne la religion naturelle avec une certitude, une précision et une autorité qui manquaient autrement, mais qu'il transmet une connaissance plus large et plus profonde de Dieu et de l'univers que est à la portée de la raison spontanée de l'homme.

Le christianisme couvre tout le domaine du devoir humain et révèle de nombreuses aptitudes, reconnues lorsqu'elles sont vues, mais découvertes par peu ou par personne indépendamment des enseignements et de l'exemple de son Fondateur ; tandis qu'il donne l'accent et la sanction d'une révélation divine à de nombreuses autres aptitudes, facilement découvrables, mais susceptibles d'être négligées et négligées.

En définissant **les relations de l'âme humaine individuelle avec Dieu**, le christianisme ouvre à nos yeux un domaine de devoir primordial par rapport à tous les autres en termes d'importance et d'intérêt. Son amour et ses soins paternels, son gouvernement moral et sa discipline, sa providence rétributive définissent avec une netteté indubitable certains modes correspondants, en partie, d'action extérieure, et en plus grande partie encore, d'action dans ce domaine intérieur de pensée d'où la vie extérieure reçoit. sa direction et son impulsion.

La fraternité de tout le genre humain révèle également des obligations qui n'existeraient sur aucun autre terrain ; et pour la déclaration claire et évidente de cette vérité, nous sommes redevables uniquement au christianisme. Les différences visibles de race, de couleur, de culture, de religion et de coutumes sont en elles-mêmes des influences dissociantes. La charité universelle est impossible tant que ces différences occupent le premier plan. L'esclavage était une institution naturelle et agréable sous les auspices païens ; nous n'avons pas non plus, dans toute la littérature extra-chrétienne ancienne, sauf chez Sénèque (chez qui de tels sentiments peuvent avoir indirectement une origine chrétienne), une seule expression d'une communauté suffisamment large pour embrasser toutes les diversités de condition, et encore moins, de course. Mais le chrétien, dans la mesure où il consent à recevoir la portée évidente et incontestable de la mission et des enseignements du Christ, doit considérer tous les hommes comme, par nature, sous la garde paternelle de la Divine Providence, dans les privilèges, droits et capacités religieux, sur un pied d'égalité. Dans cette perspective, il ne peut que percevoir l'adéquation, et donc l'obligation, de nombreuses formes de devoir social, de bienfaisance élargie, de philanthropie illimitée, qui, selon une théorie restreinte de la fraternité humaine, ne seraient ni appropriées ni raisonnables.

L'immortalité de l'âme, en second lieu, jette une lumière à la fois large et pénétrante sur et dans tous les domaines du devoir ; car il est évident, sans explication détaillée, que les aptitudes, les besoins et les obligations d'un être terrestre de courte durée, et ceux d'un être à l'enfance et au premier stade d'une existence sans fin, sont très éloignés les uns des autres ; peuvent trouver approprié, et par conséquent peuvent juger juste, de faire, rechercher, éviter, omettre, supporter, démissionner, beaucoup de choses qui pour les premiers sont très proprement indifférentes. On croyait, dans un certain sens, à l'immortalité avant l'avènement du Christ, mais pas avec suffisamment de précision et d'assurance pour occuper une place importante dans un système éthique quelconque, ou pour fournir le point de vue à partir duquel toutes choses dans la vie terrestre devaient être considérées. considéré. En effet, certains des anciens les plus vertueux, entre autres Épictète, qu'il n'y avait pas d'homme meilleur, niaient expressément la vie après la mort et, bien sûr, ne pouvaient avoir aucune conception des aspects des affaires humaines et terrestres tels qu'ils sont vus. à la lumière de l'éternité.

Le christianisme apporte encore une autre contribution à la connaissance éthique dans **la personne et le caractère de son Fondateur** , manifestant en lui les aptitudes mêmes qu'il prescrit, nous montrant, comme il ne le pourrait dans un simple précepte, les proportions et les harmonies des vertus, et manifestant la beauté inatteignable. et la majesté des vertus plus douces [4], qui dans les époques préchrétiennes étaient tantôt mises au second plan, tantôt répudiées avec mépris et dérision. On ne peut surestimer l'importance de cet enseignement par l'exemple. Les cas sont très nombreux dans lesquels l'adéquation d'un mode de conduite spécifique ne peut être testée que par l'expérience ; et Jésus-Christ a tenté avec succès plusieurs expériences morales qui n'avaient jamais été tentées auparavant dans la mémoire de l'homme, et a démontré, dans sa propre personne et par le succès de sa religion, la valeur supérieure et l'efficacité de qualités qui n'avaient pas auparavant porté le nom de vertus.

Le christianisme élargit encore davantage notre connaissance éthique en déclarant l' **universalité des lois morales** . Il existe de nombreux cas dans lesquels il peut nous sembler non seulement opportun, mais même juste, de mettre de côté un principe reconnu comme valable dans la plupart des cas, de violer la justice ou la vérité pour une demande urgente de charité, ou de violer la justice ou la vérité. consentir à l'accomplissement d'un petit mal pour l'accomplissement d'un grand bien. Mais dans tous ces cas, le christianisme interpose ses préceptes péremptoires, nous assurant, par une autorité que le chrétien considère comme suprême et infaillible, qu'il n'y a aucune exception ni qualification à aucune règle de droit ; que la loi morale, dans toutes ses parties, est une obligation inaliénable, et que le plus grand bien ne peut qu'être le résultat ultime d'une obéissance inflexible.

que **le christianisme donne une connaissance du droit plus complète** que celle qu'on peut atteindre indépendamment de ses enseignements. Il n'y en a pas un qui n'omette aveu des parties essentielles du droit, et presque aucun qui ne sanctionne des dispositions et des modes de conduite reconnus mauvais et mauvais ; tandis que même ceux qui rejettent le christianisme comme révélation divine ne parviennent pas à détecter de telles omissions et défauts dans l'éthique du Nouveau Testament. Ainsi, bien qu'il n'existe guère de précepte de Jésus-Christ comparable à celui que l'on trouve dans les écrits éthiques de la Grèce, de la Chine, de l'Inde ou de la Perse, l'intégrité et l'exhaustivité de ses enseignements leur confèrent une position à part et sont parmi les plus remarquables. les preuves internes les plus fortes de leur divinité. Ils se distinguent également des systèmes éthiques des autres enseignants par leur caractère positif. D'autres disent : « Tu ne le feras pas » ; Jésus-Christ dit : « Tu le feras ». Ils interdisent et interdisent ; Il commande.

Ils prescrivent l'abstinence du mal ; Lui, une démarche constante de perfection. À notre époque, on dit souvent que le bouddhisme occupe un niveau plus élevé que le christianisme ; mais ses préceptes sont tous négatifs, ses vertus sont négatives, et son disciple est considéré comme le plus proche de la perfection lorsque, dans son corps, son esprit et son âme, il s'est rendu complètement tranquille et inerte. Le christianisme, au contraire, recommande l'activité incessante de tous les pouvoirs et facultés à la poursuite des buts les plus élevés.

Chapitre VI.

Droits et obligations.

Parmi les choses qui sont convenables et justes, il en est certaines qui, bien qu'elles puissent être décrites en termes généraux, ne peuvent être définies et limitées avec une entière exactitude ; il y en a d'autres qui sont **si évidents et si manifestes, ou si faciles à constater** , que, sous une forme et dans une mesure précises, **ils peuvent être réclamés** par ceux à qui ils sont dus, **et exigés** de ceux à qui ils sont dus. Ces derniers sont des droits, et les devoirs qui en résultent sont **des obligations** . Il est donc juste qu'un pauvre soit soulagé ; et c'est mon devoir, autant que je peux, de soulager les pauvres. Mais tel ou tel pauvre ne peut pas prétendre que c'est mon devoir plutôt que celui de mon prochain de subvenir à ses besoins, ou que je suis tenu de lui donner ce que je pourrais autrement donner à son voisin également nécessiteux. Il n'a aucun droit spécifique sur une quelconque partie de mon argent ou de mes biens ; Je n'ai aucune obligation particulière de lui donner quoi que ce soit. Mais si quelqu'un m'a prêté de l'argent, il a droit à autant d'argent ou de biens qu'il peut le rembourser avec intérêt ; et je suis donc obligé de le rembourser. Encore une fois, il est juste que sur la voie publique il y ait, parmi ceux qui en font leur passage, accommodement mutuel, courtoisie et bonté ; mais personne ne peut prescrire la distance précise à laquelle il ne doit pas être approché, ni la quantité précise de pression qui peut être permise pour s'approcher dans une foule. Le citoyen individuel ne peut pas non plus occuper la rue de manière à gêner ceux qui l'utilisent. Il n'a pas de droits exclusifs dans la rue ; et les autres ne sont pas non plus obligés de lui céder des privilèges particuliers. Mais il a le droit d'exclure qui il veut de son propre jardin et de l'occuper de la manière qui lui convient le mieux ; et ses concitoyens sont tenus de garder leurs pieds loin de ses allées et de ses parterres de fleurs, leurs mains de ses fruits, et de s'abstenir de tout acte qui puisse le gêner ou le nuire dans l'usage et la jouissance de son jardin.

Les droits — avec les obligations correspondantes — peuvent être divisés en droits **naturels** et **légaux** . Mais la division est nominale plutôt que réelle ; car, premièrement, il n'existe pas de droits naturels susceptibles d'être définis qui ne soient dans les pays civilisés sous la sanction et la protection de la loi ; deuxièmement, la question reste ouverte de savoir si certains droits généralement reconnus — comme, par exemple, celui de propriété — existent indépendamment de la loi ; et, troisièmement, on peut soutenir, d'autre part, que le droit est impuissant à créer, compétent seulement à déclarer des droits.

L'un des principaux pouvoirs du droit en matière de droits s'exerce dans la limitation **des droits naturels** . Considéré simplement dans sa relation avec la nature extérieure, l'homme a un droit manifeste à tout ce qu'il peut rendre tributaire de sa jouissance ou de son bien-être. Mais ses semblables ont le même droit. Si donc il y a une offre limitée de ce que lui et eux peuvent réclamer à titre égal, l'alternative est, d'une part, l'usurpation ou la lutte perpétuelle, ou, de l'autre, un ajustement par lequel chacun cédera une partie de ce qu'il pourrait réclamer s'il n'y avait pas de co-demandeurs, et ainsi chacun aura sa part de ce qui appartient également à tous. Effectuer cet ajustement équitablement relève du domaine de la loi. Le problème qu'il tente de résoudre est le suivant : comment chaque citoyen peut-il obtenir le maximum de liberté et de bien-être matériel, conformément aux droits reconnus ou établis d'autrui ? Dans les institutions républicaines, ce problème se présente sous la forme la plus simple, la société étant en principe un partenariat égalitaire, dans lequel aucun homme ne peut prétendre à un dividende plus important qu'un autre. Mais lorsque la naissance ou la condition confère certains droits particuliers, le problème doit être modifié de telle sorte que les droits concédés aux citoyens ordinaires n'interfèrent pas avec ces droits hérités ou acquis. Dans les deux cas, les droits de chaque membre de la communauté ne sont limités que par les droits contigus des autres. Les obligations correspondent aux droits. Chaque membre de la communauté a l'obligation de toujours s'abstenir d'empiéter sur les droits d'autrui et, dans de nombreux cas, d'aider à garantir ou à défendre ces droits, en faisant en pareilles occasions et de la même manière ses propres droits protégés par d'autres.

Nous considérerons séparément **les droits relatifs à la personne, à la propriété et à la réputation** .

1. **Droits appartenant à la personne.** Le plus essentiel d'entre eux est le droit à la vie, dont dépend bien sûr tout ce dont on peut jouir. Ce droit est envahi non seulement par la violence directe, mais par tout ce qui peut nuire ou mettre en danger la santé. L'obligation correspondante de chaque membre de la société est de s'abstenir de tout acte, emploi ou récréation pouvant mettre en danger la vie ou la santé, et de la société collectivement, de fournir une force de police adéquate à la protection de ses membres, d'interdire et de punir tous les crimes de violence, d'édicter et de maintenir des réglementations sanitaires appropriées et de supprimer les nuisances qui peuvent être non seulement gênantes, mais nuisibles.

Mais le citoyen n'a droit à la protection que dans la mesure où il s'abstient de tout acte par lequel il met d'autres vies en péril. S'il attaque un autre homme avec une arme mortelle et que sa propre vie lui soit enlevée au cours de cette rencontre, le meurtrier n'a violé aucun droit, et même, en ce qui concerne les considérations morales, il n'est même pas le tueur ; car l'homme qui se met injustement dans une position dans laquelle une autre vie ne peut être protégée qu'au péril de la sienne, si la sienne est perdue, s'est pratiquement suicidé. La situation ne change pas non plus matériellement si un homme, en accomplissant un acte illégal, se met dans une position dans laquelle on peut raisonnablement supposer qu'il a l'intention de recourir à la violence. Ainsi, alors que la loi et la conscience me condamneraient si je tuais un voleur en plein jour, pour protéger mes biens, si un cambrioleur pénétrait dans ma maison la nuit sans intention de violence, et pourtant dans la surprise et l'obscurité du Dès que j'ai des raisons de supposer que ma vie et celle de ma famille sont en danger à cause de lui, la loi considère le meurtre d'une telle personne comme un homicide justifiable ; et ma conscience m'acquitterait de la défense du droit à la vie de ma famille et de moi-même, contre quelqu'un dont l'intention ou la volonté de commettre des violences pouvait être raisonnablement déduite de son propre acte illégal.

La société, par l'intermédiaire de la loi, limite dans certains cas et dans certaines directions le droit de chaque citoyen à la vie, et cela **au bénéfice contingent de chacun, au bénéfice absolu de tous** . Tant que les hommes sont loin d'être parfaits dans leur caractère et leur condition, il doit nécessairement y avoir un sacrifice de vie ; mais ce sacrifice peut être réduit à son *minimum* par une législation judicieuse. Or, si sans une telle législation le pourcentage de décès serait numériquement beaucoup plus élevé qu'avec des lois bien conçues, les vies sacrifiées en vertu de ces lois ne sont que des cas dans lesquels le droit de l'individu est amené à céder le pas aux droits primordiaux de la communauté. Il ne fait donc aucun doute que les maladies contagieuses les plus malignes pourraient, dans de nombreux cas, être traitées avec plus de succès au domicile des patients que dans les hôpitaux publics. Mais si, par le transfert des malades vers les hôpitaux, le nombre des cas peut être considérablement diminué et la contagion rapidement stoppée, ce déplacement est le droit de la communauté, mais pas dans des circonstances de privations et de difficultés inutiles, non sans les meilleurs moyens de protection. le confort, les soins et l'habileté que l'argent peut procurer ; car le public ne peut être justifié dans l'exercice d'un tel droit que par l'extension des offices les plus généreux de l'humanité à ceux qui sont en péril pour le bien public.

Ce n'est que pour des motifs similaires que la **peine de mort pour meurtre** peut être justifiée. La vie du pire des hommes ne devrait être sacrifiée que pour la préservation de la vie ; car s'il n'est pas prudent de les laisser en liberté, ils peuvent être maintenus sous contrainte et sous contrainte, sans être totalement coupés des moyens de jouissance et d'amélioration. La coutume primitive des nations anciennes exigeait que le parent le plus proche de l'homme assassiné tue le meurtrier de sa propre main et, ce faisant, verse son sang, ce qui était censé avoir une efficacité mystérieuse pour expier le crime. Cette forme de vengeance fut grandement contrôlée et restreinte par les institutions de Moïse ; il tomba en désuétude chez les Juifs, à mesure que leur civilisation grandissait ; et a certainement été inclus dans l'abrogation totale de la loi du talion par Jésus-Christ. [5]

Mais si, chez les classes dangereuses d'hommes, la crainte de la peine capitale est un moyen de dissuasion des crimes de violence, de sorte que le nombre des meurtres est moindre et la vie des citoyens paisibles est plus sûre que si le meurtre était passible d'une peine plus douce, alors il C'est le droit incontestable du public de confisquer le droit à la vie du meurtrier, et ainsi de sacrifier le plus petit nombre de vies relativement sans valeur pour la sécurité du plus grand nombre de vies qui peuvent être précieuses pour la communauté. Ou encore, si, par l'usage excessif du pouvoir de grâce, le meurtrier condamné à l'emprisonnement perpétuel sera probablement relâché dans la société sans réforme et avec des passions qui peuvent conduire à la répétition de son crime, il est infiniment plus approprié qu'il soit tué. , que cela, il soit préservé pour faire plus de mal. Encore une fois, s'il y a dans la peine de mort pour meurtre une force éducative, si par son moyen chaque nouvelle génération est formée à un plus grand respect pour la vie humaine et à une plus grande haine et horreur du crime par lequel elle est détruite. La peine capitale doit donc être maintenue comme moyen de préserver un nombre incalculablement plus grand de vies qu'elle n'en sacrifie. Pour ces raisons, bien qu'en opposition avec une conviction précoce et forte, nous sommes contraints d'exprimer la conviction qu'à notre époque et dans notre pays, la peine capitale du meurtrier est nécessaire pour la sécurité du public et est justifiée comme une peine à vie. mesure d'économie.

Dans **le service militaire forcé** , l'autorité légale expose également la vie d'une partie des citoyens pour la sécurité du plus grand nombre. C'est une vérité incontestable que, dans ses affinités morales, la guerre est engendrée par le mal, est alliée à d'innombrables formes de mal et a d'innombrables descendants du mal. Mais il est également vrai que la guerre se reproduira à des intervalles assez fréquents, aussi longtemps que les maux moraux dont elle est issue ne seront pas réformés. Les affaires internationales sont telles que la politique la plus juste et la plus pacifique ne protège pas toujours un peuple des agressions hostiles ; tandis que l'insurrection, la sédition et la guerre civile peuvent résulter non seulement de l'oppression gouvernementale, mais des mesures les plus salutaires de réforme et de progrès. Dans de tels cas, la légitime défense de la nation ou du gouvernement attaqué est un droit et une obligation, due même dans l'intérêt de la vie humaine, et plus encore, au nom d'intérêts plus précieux que la vie.

De plus, même dans une guerre d'agression non provoquée, la nation agressive ne perd pas son droit de légitime défense en raison de l'ambition sans principes de ses dirigeants et, une fois la guerre déclarée, sa poursuite vigoureuse peut être le seul moyen d'éviter le désastre ou la ruine. Ainsi, la guerre, bien qu'elle implique toujours des torts atroces de la part de ses promoteurs et de ses complices, devient pour les nations impliquées une nécessité à laquelle elles sont obligées de pourvoir.

Cette disposition peut, dans certains cas, être prise par engagement volontaire ; mais dans la plupart des pays civilisés, il a été jugé nécessaire de remplir et de recruter l'armée par conscription, mettant ainsi en danger la vie d'une partie des citoyens, afin d'éloigner du sol et des maisons du peuple les pires calamités. d'invasion, de dévastation et de conquête. Dans la mesure où cela est nécessaire, c'est sans aucun doute juste, et les vies ainsi sacrifiées sont à juste titre dues à la sécurité et au bien-être du peuple tout entier. Mais en faisant cet aveu, nous dirions, sans relâche ni réserve, que la guerre est essentiellement inhumaine, barbare et opposée aux principes et à l'esprit du christianisme, et que si le monde était un jour complètement christianisé, les époques où la guerre était possible, sera considéré avec la même horreur avec laquelle nous considérons aujourd'hui le cannibalisme.

droit à la liberté est associé au droit à la vie et est essentiel à sa pleine jouissance . Cela inclut le droit de diriger ses propres emplois et loisirs, de diviser et d'utiliser son temps comme bon lui semble, d'aller où bon lui semble, d'accorder son vote ou son influence dans les affaires publiques comme il l'entend et d'exprimer son droit. propres opinions oralement, par écrit ou par la presse, sans entrave ni agression. Ces divers droits appartiennent également à tous ; mais comme ils ne peuvent être exercés pleinement sans interférences et ennuis mutuels, le sens commun de l'humanité, s'exprimant à travers la loi, permet à chaque individu d'en jouir seulement dans la mesure où il peut être compatible avec la liberté, le confort et le bien-être de sa vie. concitoyens.

L'esclavage est si près d'être extirpé de la chrétienté, qu'il est superflu d'entrer dans la controverse qu'aucun traité de philosophie morale n'aurait pu éluder il y a quelques années. Elle n'était défendue que par un sophisme patenté, et ses partisans argumentaient du fait vers le juste, inventant la seconde pour soutenir la première.

La liberté personnelle est légalement et légitimement restreinte dans le cas des mineurs, en raison de leur jugement **immature** et de leur discrétion, de leur état naturel de dépendance à l'égard de leurs parents et de leur résidence habituelle sous le toit parental. L'âge de maturité discrétionnaire varie très largement, non seulement selon les races, mais aussi entre les différents individus d'une même race, tout comme la période d'émancipation de l'influence dominante des parents et d'une condition de vie indépendante et autonome. Mais comme il est impossible au gouvernement d'ouvrir des enquêtes spéciales dans le cas de chaque individu et que, si cela était possible, il y aurait une place indéfinie au favoritisme et aux distinctions odieuses, il y a une opportunité intrinsèque à fixer un âge moyen auquel les parents la tutelle ou *quasi*-parentale cessera, et après quoi l'homme aura l'entière et seule responsabilité de ses propres actes. Il est parfaitement évident que la liberté des aliénés et des débiles doit être restreinte dans la mesure nécessaire à leur propre sécurité et à celle des autres. Il existe également, dans la plupart des communautés, une disposition par laquelle les dépensiers notoires peuvent être mis sous tutelle et ainsi restreints dans ce qui pourrait être considéré comme la disposition légitime de leurs propres biens. Cela peut être justifié par le fait que, par un gaspillage persistant, ils peuvent rejeter sur le public la charge de leur propre entretien et de celui de leur famille.

L'emprisonnement est, de la part de la société, une mesure non pas de vengeance, mais de légitime défense. Le but de ce mode de punition est, premièrement, d'empêcher la répétition rapide du crime de la part de la personne punie ; deuxièmement, travailler soit sur sa nature morale par la détention, le travail et l'instruction, soit au pire, sur ses craintes, par la crainte d'une contrainte répétée et plus longue, afin qu'il puisse s'abstenir de crime à l'avenir ; et enfin, dissuader ceux qui pourraient autrement être tentés de commettre un crime de s'exposer à ses conséquences pénales. Quant au prisonnier, il a, à juste titre, perdu son droit à la liberté en l'utilisant pour attaquer les droits d'autrui.

En ce qui concerne les actes qui ne sont pas mauvais en eux-mêmes, la liberté de l'individu est légitimement restreinte, lorsqu'elle pourrait nuire à la santé, au confort ou aux activités légitimes de ses voisins. Ainsi nul n'a le droit, ni légal ni moral, d'établir, dans un voisinage habité, un commerce ou une manufacture qui empoisonne manifestement l'air ou l'eau de son voisinage ; on n'a pas non plus le droit moral (même s'il existe des difficultés techniques pour déclarer sa profession de nuisance) d'ennuyer ses voisins par une activité grossièrement offensante ou intolérablement bruyante. C'est sur ce seul motif qu'une législation relative au jour du Seigneur peut être justifiée. Les chrétiens n'ont pas le droit d'imposer aux juifs, aux païens ou aux infidèles la cessation totale du travail, des affaires ou des loisirs le dimanche, et la tentative de mesures coercitives de ce genre ne peut que réagir aux dommages causés à la cause dans laquelle elles sont instituées. Mais si la majorité du peuple croit qu'il est de son devoir d'observer le premier jour de la semaine comme jour de repos et de dévotion, elle a le droit d'être protégée dans son observance par la suppression de tels types, degrés et manifestations de travail. et les loisirs qui interféreraient essentiellement avec leur emploi de la journée à ses usages sacrés.

2. **Le droit de propriété** est un corollaire inévitable du droit à la liberté ; car cela implique la liberté de travailler à sa guise, et dans quel but un homme peut-il travailler s'il ne peut pas s'approprier le fruit de son travail ? Toute propriété, à l'exception de la terre, a été créée par le travail. Sauf là où l'esclavage est légalisé, il est admis que le travailleur est propriétaire de la valeur qu'il crée. S'il s'agit d'un article fabriqué ou produit entièrement par lui-même, il lui appartient de le conserver, de l'utiliser, de le donner ou de le vendre. Si son travail est consacré à des matériaux qui ne lui appartiennent pas, ou s'il fait partie d'un corps d'ouvriers, il a droit à un juste équivalent pour le travail qu'il fournit.

La propriété foncière est sans aucun doute née du travail. Un homme était considéré comme propriétaire de la terre qu'il cultivait. Dans une population clairsemée, il ne pouvait y avoir aucun danger d'interférence mutuelle ; et dans chaque pays, les gouvernements doivent avoir été institués avant qu'il y ait une occupation suffisamment étroite du sol pour provoquer des collisions et des conflits entre les occupants. Les gouvernements des premiers âges, en général, confirmèrent les titres fondés sur l'occupation productive et traitèrent les terres inoccupées comme la propriété de l'État, soit pour être détenues en commun, soit pour être cédées à des propriétaires individuels en récompense de leur loyauté ou de leurs services. ou à vendre sur le compte public.

Il est évident que la **sécurité des biens est essentielle à la civilisation et au progrès** . Les hommes ne travailleraient que pour les besoins du jour, s'ils ne pouvaient conserver et jouir des fruits de leur travail ; ils ne s'efforceraient pas non plus d'inventer ou de réaliser des améliorations industrielles de quelque nature que ce soit, s'ils n'avaient pas un intérêt permanent dans les résultats de ces améliorations. De plus, s'il n'y avait pas de protection de la propriété, il ne pourrait y avoir d'accumulation de capital, et sans capital il ne pourrait y avoir d'entreprise, pas d'industries combinées, pas de dépenses en vue d'un profit lointain mais certain. Il n'est pas non plus possible de répondre aux objectifs d'une civilisation progressiste par une communauté de biens et de gains. Partout où cette expérience a été tentée, elle s'est accompagnée d'un déclin de l'énergie et de la capacité industrielles ; et là où il n'y a pas eu d'échec absolu, il y a eu de l'apathie, de la stupidité et une baisse du niveau d'intelligence. Enfin, il existe dans les facultés corporelles et mentales de l'homme une certaine force *d'inertie* , qui ne peut être efficacement suscitée que par l'aiguillon de l'intérêt personnel pour les résultats de l'industrie, de l'ingéniosité et de la prudence.

Le droit de propriété implique **le droit du propriétaire, pendant qu'il vit** , de détenir, de jouir ou de disposer de ses biens de la manière qui lui plaît. Mais sa propriété cesse nécessairement au décès ; et ce qui lui appartenait devient **légitimement la propriété du public** . Pourtant, dans tous les pays civilisés, il a été jugé approprié que le propriétaire ait la liberté - avec certaines restrictions - de dicter la disposition de ses biens après sa mort, et aussi que, à moins qu'il ne soit aliéné par son testament (et dans certains pays, son testament néanmoins), ses biens doivent passer à sa famille ou à ses plus proches parents. On croit que cela découragerait l'industrie et affaiblirait l'entreprise si leurs gains étaient traités comme propriété publique au décès du propriétaire ; et que, d'un autre côté, les hommes sont très sûrement formés et préservés dans des habitudes de diligence et d'économie, soit par le pouvoir de diriger la disposition de leurs biens après la mort, soit par la certitude qu'ils peuvent ainsi profiter à ceux qu'ils possèdent. avec mes plus sincères salutations. Les lois relatives aux testaments et à la succession des successions ne sont donc pas des limitations des droits de propriété privée, mais un guide sur ce qui est considéré comme le meilleur mode de disposer de ces biens qui reviennent de temps à autre au public.

La loi limite le droit de propriété en en affectant aux usages publics les parties nécessaires à l'entretien, à la commodité et au bien-être du corps politique. Cela se fait en premier lieu par l'impôt, qui, pour être juste, doit être équitable dans son mode d'évaluation et non excessif dans son montant. Quant aux modes d'évaluation, il est évident qu'un système qui allège le fardeau des riches et pèse ainsi plus lourdement sur les pauvres (comme ce serait le cas si un revenu était levé sur les nécessités de la vie, tandis que le luxe était laissé) gratuit), ne peut être justifié. D'un autre côté, on peut soutenir que le taux d'imposition pourrait raisonnablement augmenter avec le montant de la propriété ; car une très grande partie de l'appareil gouvernemental est conçue pour la protection de la propriété, et plus un individu possède de propriétés, moins il est capable de protéger ses divers intérêts par ses propres soins personnels, et plus il a besoin de protection. des lois bien conçues et fidèlement exécutées. Une taxation excessive est tout simplement un vol légalisé. Les sinécures, les offices surnuméraires, les formalités inutiles et coûteuses dans la transaction des affaires publiques, les voyages et les festivités à la charge du public, les bâtiments conçus pour l'ostentation plutôt que pour l'usage, ont été si longtemps tolérés dans les administrations municipales, étatiques et nationales, qu'ils peut sembler indissociable de notre système de gouvernement ; mais ils impliquent une malhonnêteté flagrante de la part d'un grand nombre de nos fonctionnaires, et une complicité coupable de la part d'un nombre bien plus grand encore. Dans un système d'impôts directs, les cotisations peuvent être établies plus équitablement et leurs dépenses seront plus soigneusement surveillées que dans le cas d'impôts indirects ; tandis que cette dernière méthode est plus susceptible de trouver la faveur de ceux qui occupent ou cherchent une charge publique, car elle encourage une plus grande liberté de dépenses et soutient un plus grand nombre de fonctionnaires inutiles aux frais de l'État.

La loi autorise également **l'affectation de portions déterminées de propriété aux usages publics** , comme les rues, les routes, les aqueducs et les terrains publics, et même au profit d'entreprises privées dans lesquelles la communauté a un intérêt bénéficiaire, comme les canaux, les ponts. et les chemins de fer. C'est nécessaire, et donc juste. Il est évident que, sans cela, les installations et les améliorations les plus essentielles pourraient être empêchées ou alourdies de coûts déraisonnables, par l'obstination ou la cupidité des individus. Les conditions dans lesquelles un tel usage de la propriété privée est justifiée sont que l'amélioration proposée soit pour l'intérêt général, qu'une juste compensation soit donnée pour la propriété expropriée, et que sur ces deux points, en cas de divergence d'opinion, l'appel ultime devra être porté devant un tribunal impartial ou un arbitrage.

3. **Le droit à la réputation.** Chaque homme a droit à la réputation qu'il mérite et a l'obligation de respecter ce droit chez tout autre homme. Cette obligation est violée, non seulement par la fabrication d'une calomnie, mais également par sa répétition, à moins que celui qui la répète ne sache qu'elle est vraie, et aussi par le silence et l'apparente acquiescement à un rapport injurieux, si l'on le sait ou le croit. être faux. Mais un homme a-t-il droit à une meilleure réputation que celle qu'il mérite ? Certainement pas, d'un point de vue moral ; et si les hommes pouvaient être généralement connus pour ce qu'ils sont, rares sont ceux qui ne parviendraient pas à devenir ce qu'ils souhaiteraient paraître. Pourtant, la loi n'admet la véracité d'une accusation diffamatoire pour justifier le calomniateur que lorsqu'il peut être démontré que la connaissance de la vérité est dans l'intérêt public. Il y a de bonnes raisons pour cette attitude de la loi, sans référence aux droits supposés de la partie justement accusée. Il existe, dans de nombreux cas, un doute raisonnable quant aux allégations malveillantes qui semblent authentiques, et dans bien d'autres cas, il peut y avoir des circonstances atténuantes qui font partie du dossier, quoique presque jamais, du rapport. De plus, la famille et les proches de la personne diffamée peuvent encourir, par des rapports vrais, mais inutiles, à son discrédit, de la honte, de la contrariété et des dommages qu'ils ne méritent pas. De mauvaises informations, même si elles sont vraies, perturbent la paix de la communauté et provoquent souvent de violentes représailles. Leur circulation gratuite, si un luxe pour celui qui les donne en monnaie, est donc un luxe aux dépens du public, et il doit être tenu responsable de tout ce que cela peut coûter. Enfin et surtout, le calomniateur devient une nuisance pour la communauté, non seulement par ses récits de torts et de maux réels ou imaginaires, mais par la dégradation de son propre

caractère, qui peut difficilement rester au-dessus du niveau de ses relations sociales.

Selon la loi, la diffamation et le libelle sont, à juste titre, passibles à la fois de **poursuites pénales** , en tant que délits contre le public, et d' **actions en dommages-intérêts** par voie civile, pour le motif évident que l'atteinte à la moralité d'un homme tend à nuire à sa réussite dans la vie. ses affaires, son crédit pécuniaire et sa jouissance confortable de ses biens.

Chapitre VII.

Motif, passion et habitude.

Les appétits, les désirs et les affections sont, comme nous l'avons dit, les **motifs immédiats** de l'action. La perception de l'opportunité et le sens du bien agissent non pas indépendamment de ces motifs, mais sur eux et à travers eux, contrôlant les uns et stimulant les autres. Ainsi tous deux retiennent les appétits, les premiers autant que la prudence l'exige ; ce dernier, en soumission aux éléments de caractère les plus nobles. Le premier dirige les désirs vers des objets dignes, mais terrestres ; cette dernière fonctionne plus efficacement à travers les affections bienveillantes, exercées envers Dieu et l'homme.

Les motifs extérieurs sont d'ordre secondaire, n'agissant pas directement sur la volonté, mais l'influençant indirectement, par les ressorts de l'action, ou par les principes qui les dirigent et les gouvernent.

L'action des motifs extérieurs s'effectue de trois manières différentes. 1. Lorsqu'ils sont en harmonie avec un appétit, un désir ou une affection prédominant, ils l'intensifient immédiatement et provoquent des actes par lesquels il peut être satisfait. Ainsi, par exemple, une table somptueusement dressée donne un appétit plus vif à l'épicurien et l'invite à sa libre indulgence. L' opportunité d'un investissement potentiellement lucratif, quoique risqué, excite la cupidité de l'homme qui accorde une importance primordiale à l'argent et le tente de courir un risque douteux. La présence de l'objet d'amour ou de haine ajoute de la force à l'affection et induit des expressions ou des actes de gentillesse ou de malveillance. 2. Un motif extérieur opposé au ressort d'action prédominant déclenche souvent cette activité vigoureuse et décisive, et la rend désormais plus forte et plus impérative. C'est ainsi que les remontrances, les obstacles et les difficultés intermédiaires rendent souvent la passion sensuelle plus enragée ; tandis que la tentation, par les actes de résistance qu'elle suscite, nourrit la vertu qu'elle assaille. 3. Un motif extérieur peut avoir une force et une puissance suffisantes pour susciter une action énergique dans un appétit, un désir ou une affection auparavant endormis ou faibles, pour réprimer ainsi l'activité de ceux qui dominaient auparavant et pour produire ainsi un changement fondamental dans le personnage. De cette manière, la présentation soudaine du vice, sous des formes attrayantes, peut donner une influence primordiale à des passions qui n'avaient montré auparavant aucun signe de maîtrise ; et, de la même manière, une expérience signalée de péril, de calamité, de délivrance ou de joie inattendue peut faire appel aux affections religieuses et les investir d'une suprématie durable sur une âme auparavant livrée à l'appétit, aux désirs inférieurs ou aux amours plus mesquins.

Une influence indue dans la formation ou le changement de caractère **est souvent attribuée à des motifs extérieurs.** Ils sont plus souvent la conséquence que la cause du caractère. Les hommes, en général, exercent plus de pouvoir sur leur environnement que leur environnement sur eux. Une très grande partie des circonstances qui semblent avoir une influence décisive sur nous sont de notre propre choix, et nous aurions pu, si nous l'avions voulu, choisir leurs contraires. Une personne vertueuse trouve rarement nécessaire de respirer une atmosphère vicieuse. La volonté d'être tenté est généralement la condition préalable à la tentation. La sympathie, l'exemple et les influences sociales sont les seconds en leur pouvoir, que ce soit pour le bien ou pour le mal, après aucune autre classe de motifs extérieurs ; et rares sont ceux qui ne peuvent choisir leur propre société, et qui ne la choisissent pas selon leurs affinités électives. Il est vrai, en effet, que le choix de compagnons de vertu douteuse est souvent le premier signe extérieur de penchants vicieux ; tandis qu'une adhésion tenace à la société des plus dignes précède souvent tout développement très visible de l'excellence personnelle ; mais dans les deux cas, le choix des amis indique les ressorts d'action prédominants et la direction dans laquelle le caractère a commencé à se développer. L'homme est donc loin d'être sous le contrôle irrésistible de motifs extérieurs, que ces motifs sont en grande partie les résultats et les signes de sa propre action volontaire.

Le christianisme revendique à juste titre la prééminence, non seulement comme source de connaissance du droit, mais également comme présentant les motifs les plus influents et les plus persistants d'une bonne conduite. Ces motifs, nous les trouvons dans sa manifestation attachante et gagnante de la paternité divine de Jésus-Christ ; dans son propre sacrifice, sa mort et son amour éternel pour l'homme ; dans l'assurance du pardon pour les torts et omissions passés, sans lequel il ne pourrait y avoir que peu de courage pour faire le bien à l'avenir ; dans la promesse de l'aide divine dans tout objectif juste et tout effort digne ; dans la certitude d'une juste rétribution dans la vie à venir ; et dans des institutions et des observances conçues et adaptées pour perpétuer la mémoire des faits saillants et pour **renouveler** à intervalles fréquents la reconnaissance des vérités essentielles qui donnent à la religion son nom et son caractère. Les désirs et les affections, stimulés et dirigés par ces motifs, sont incapables d'être pervertis vers le mal, tandis que les désirs ayant des buts inférieurs et les affections pour des objets inférieurs sont toujours susceptibles d'être ainsi pervertis. Ces motifs religieux, eux aussi, fondés sur l'Infini et l'Éternel, sont d'une puissance inépuisable ; s'ils sont ressentis, ils doivent nécessairement l'être plus fortement que tous les autres motifs ; et ils ne peuvent manquer d'être adéquats à toute pression de besoin, de tentation ou d'épreuve.

* * * * *

La passion implique un état *passif*, un état dans lequel la volonté cède sans résistance à un appétit, un désir ou une affection dominant, sous le règne duquel la raison est réduite au silence, les considérations d'opportunité et de droit supprimées et les motifs extérieurs contraires neutralisés. Elle ressemble à la folie dans la mesure où les actions qu'elle provoque sont le résultat d'impulsions irraisonnées et par les vues irréelles et déformées qu'elle présente des personnes, des objets et des événements. Elle diffère de la folie, principalement en ce qu'elle est une folie auto-induite, pour laquelle, comme pour l'ivresse, le malade est moralement responsable, et en ce qu'il cède à laquelle, comme dans l'ivresse, il, en laissant sa volonté échapper au contrôle de la raison, se rend responsable, tant légalement que moralement, des crimes ou des torts qu'il commet dans cet état d'aliénation mentale.

Il n'y a pas d'appétit, de désir ou d'affection qui ne puisse devenir une passion , et il n'y a pas de passion qui ne porte atteinte au sens du droit et n'interfère avec l'accomplissement du devoir. Les appétits, les désirs inférieurs, les affections malveillantes et, assez souvent, l'amour, lorsqu'ils deviennent passions, ont leurs issues dans le vice et le crime. Les désirs et les affections les plus nobles, lorsqu'ils deviennent des passions, ne peuvent pas conduire à un mal positif, mais ne peuvent manquer de perturber l'ordre approprié de la vie et d'entraîner le manquement à certains de ses devoirs essentiels. Ainsi, la passion du savoir peut rendre indifférent à ses obligations sociales et religieuses. La philanthropie, lorsqu'elle est une passion, néglige les responsabilités les plus lointaines et est très encline à omettre l'autodiscipline et l'auto-culture dans son zèle pour les œuvres caritatives à portée mondiale. Même les affections religieuses, lorsqu'elles prennent le caractère de passions, ou bien, d'une part, s'enflamment en un fanatisme sauvage, ou, de l'autre, tombent dans un quiétisme égocentrique, qui oublie les devoirs extérieurs dans le luxe d'une contemplation pieuse . ; et bien que l'une ou l'autre soit infiniment préférable à l'indifférence, elles sont toutes deux incommensurablement inférieures à cette piété, également fervente et rationnelle, qui ne néglige ni l'homme pour Dieu, ni Dieu pour l'homme, et qui reste soucieuse de toutes les relations humaines et terrestres. , aptitudes et devoirs, tout en conservant en même temps son emprise de foi, d'espérance et de communion habituelle sur la vie supérieure.

* * * * *

L'habitude implique également la suspension de la raison et du mobile dans l'accomplissement d'actes individuels ; mais elle diffère de la passion en ce que ses actes étaient initialement motivés par la raison et par un motif. En fait, on peut soutenir de manière plausible que dans chaque acte habituel il y a un souvenir virtuel – un souvenir trop éphémère pour être lui-même rappelé – du raisonnement ou du motif qui a induit le premier acte de la série. Dans certains cas, l' acte habituel est accompli, comme on dit, inconsciemment, certainement avec une conscience si évanescente qu'elle ne laisse aucune trace d'elle-même. Dans d'autres cas, l'acte est accompli consciemment, mais comme par une nécessité ressentie, à la suite d'une sensation de malaise, analogue à la faim et à la soif, qui ne peut être apaisée que de cette manière. Sous ce dernier chapitre, nous pouvons classer, en premier lieu, les habitudes de complaisance criminelle, y compris la satisfaction d'appétits morbides et dépravés ; 2° beaucoup de ces habitudes moralement indifférentes qui constituent une grande partie d'une vie régulière et systématique ; et troisièmement, les habitudes de conduite vertueuse, d'industrie, de ponctualité, de charité.

L'habitude joue un rôle très important dans la formation et la croissance du caractère , que ce soit pour le mal ou pour le bien. C'est dans la formation facile et rapide de l'habitude que réside le péril imminent d'actes isolés d'indulgence vicieuse. Le premier acte est accompli avec la détermination qu'il sera le dernier du genre. Mais de tous les exemples, le sien est celui qu'on est le plus enclin à suivre, et de tous les mauvais exemples, le sien est le plus dangereux. Le précédent une fois établi, la tentation est la plus forte de le répéter, toujours avec un pouvoir conscient de maîtrise de soi et avec la résolution de limiter le degré et d'arrêter le cours de l'indulgence, afin d'éviter la honte et la ruine ultimes. auquel il tend. Mais avant que la limite prédéterminée ne soit atteinte, l'indulgence est devenue une habitude ; sa suspension est douloureuse ; sa continuation ou son renouvellement semble essentiel à une existence confortable ; et même dans les stades ultimes où le plaisir même a sombré dans la satiété, puis dans la misère, sa cessation menace d'une misère encore plus grande, parce que le désir est encore plus intense lorsque la jouissance a cessé.

L'action bienfaisante de l'habitude ne mérite pas moins d'être soulignée. Sa fonction en matière de moralité pratique est analogue à celle des inventions permettant d'économiser du travail dans les divers départements de l'industrie. Une machine par laquelle dix hommes peuvent faire le travail qui a été fait par trente, désengage les vingt pour de nouveaux modes de travail productif, et augmente ainsi les produits de l'industrie et le confort de la communauté. Une bonne habitude est un instrument permettant d'économiser du travail. Cultiver une vertu spécifique à un tel degré qu'elle devienne un élément inséparable et durable du caractère exige, au départ, de la vigilance, de l'autodiscipline et, bien souvent, des efforts acharnés. Mais lorsque l'exercice de cette vertu est devenu habituel, et donc naturel, facile et essentiel au bien-être conscient de l'individu, il cesse de solliciter les énergies ; elle n'exige plus une vigilance constante ; ses occasions sont spontanément satisfaites par les dispositions et les actes appropriés. Les forces qui ont été employées dans sa culture sont ainsi libérées pour l'acquisition d'autres vertus encore et la formation d'autres bonnes habitudes. C'est là que réside le secret d'une bonté progressive, d'une approche toujours plus proche d'un modèle de caractère parfait. Les vertus primordiales sont d'abord devenues des habitudes de la conscience incessante et de la vie quotidienne, et la puissance morale qui n'est plus nécessaire pour elles est ensuite employée à cultiver les traits les plus fins d'excellence supérieure, à façonner les lignes délicates, les arrondis, et les proportions, qui constituent « la beauté de la sainteté », la symétrie et la grâce du caractère qui gagnent non seulement un respect et une confiance abondants, mais aussi l'admiration et l'amour universels.

Ce qui a été dit de l'habitude est vrai non seulement quant aux actes extérieurs, mais également quant aux directions et courants habituels de pensée, d'étude, de réflexion et de rêverie. C'est principalement par des étapes successives d'habitude que l'esprit grandit dans sa puissance d'application, de recherche et d'invention. C'est ainsi que l'esprit de dévotion est entraîné à une réalisation toujours plus claire de la vérité sacrée et à un amour et une piété plus fervents. C'est ainsi que les esprits dotés de bonnes capacités naturelles perdent leurs facultés d'appréhension et leur puissance de travail ; et ainsi, aussi, que la corruption morale se produit souvent, sans aucun doute, avant que les mauvais désirs caressés en nous trouvent l'occasion de se réaliser dans une vie dépravée.

Chapitre VIII.

Vertus et vertus.

Le terme vertu est employé dans des sens divers qui, bien qu'ils couvrent un large éventail, sont pourtant très étroitement liés les uns aux autres et à la conception initiale dans laquelle ils naissent tous. Sa signification primitive, comme l'indique sa structure [6], est *la virilité* . Or, ce qui distingue par excellence, non pas tant la race humaine des animaux inférieurs, que l'homme adulte et fort des membres les plus faibles de sa propre race, c'est la puissance d'un conflit et d'une résistance résolus, acharnés et persévérants. C'est le rôle d'un homme digne de ce nom de maintenir sa propre position, de tenir bon contre tous les envahisseurs, de montrer un front ferme contre toute force hostile et de préférer la mort à la conquête. Tout cela est impliqué dans l'idée grecque et romaine de vertu, et est inclus dans le latin *virtus* , lorsqu'il est utilisé en référence à des transactions militaires, de sorte que sa première signification était simplement : *prouesses militaires* . Mais avec le développement de la philosophie éthique, et en particulier avec la culture par les stoïciens des traits les plus sévères et les plus résistants de l'excellence morale, les hommes apprirent qu'un champ de bataille plus périlleux s'offrait à eux, un conflit plus sévère et une victoire plus glorieuse. , que dans le simple combat physique, - qu'il y avait un type de virilité plus élevé dans la conquête de soi, dans la résistance et la maîtrise de l'appétit et de la passion, dans le maintien de l'intégrité et de la pureté sous une tentation intense et au milieu d'un environnement vicieux, que dans le plus fier. réalisations de valeur militaire. La vertu en est ainsi venue à signifier, non pas la bonté morale en elle-même considérée, mais la bonté militante et triomphante. [7]

Mais **les mots qui ont une signification complexe ont toujours tendance à se dépouiller d'une partie de leur sens** ; et, surtout, les mots qui désignent un état ou une propriété, ainsi que son mode de croissance ou de manifestation, ont tendance à abandonner ce dernier, même s'il leur a donné racine et forme. Ainsi, le terme *vertu* est souvent utilisé pour désigner les qualités qui constituent l'excellence humaine, sans référence directe au conflit avec le mal, d'où il tire son nom, et dans lequel ces qualités trouvent leur croissance la plus sûre et leur manifestation la plus visible. Il existe cependant encore une référence tacite à la tentation et au conflit dans notre utilisation du terme. Bien que nous l'utilisions pour désigner une bonté qui n'a pas résisté à une épreuve très sévère, nous l'utilisons uniquement lorsqu'une telle épreuve peut être considérée comme possible. Bien que nous appelions vertueux un homme qui a été protégé de tous les exemples et influences corrompus, et qui n'a été incité à être autre que bon, nous n'appliquons pas l'épithète au petit enfant qui ne peut en aucun cas avoir été exposé à la tentation. Nous ne l'appliquerions pas non plus à la pureté et à la sainteté parfaites de l'Être suprême, qui « ne peut être tenté par le mal ».

La vertu, dans son sens le plus courant à l'heure actuelle, désigne **une conduite conforme au droit** ou à l'convenance des choses, de la part de celui qui a le pouvoir d'agir autrement. Mais en ce sens, il existe peu d'hommes parfaitement vertueux, voire aucun. Il n'y en a peut-être aucun qui soit aussi sensible à tout ce que le droit exige, et ce sont souvent les défauts d'un caractère qui lui donnent sa réputation d'excellence distinguée dans une certaine forme de vertu, de vigilance, d'autodiscipline et d'effort. ce qui aurait pu soutenir le personnage dans une médiocrité bien équilibrée, si concentré sur un seul département de devoir qu'il suscite une grande admiration et des éloges étendus. Il peut y avoir un manque de sensibilité à l'égard de certaines catégories d'obligations, alors qu'il n'y a aucune violation volontaire ou consciente du droit, et dans de tels cas, le caractère doit être considéré comme vertueux. Mais si, dans un domaine particulier de son devoir, une personne manque consciemment à son sens du droit, même si, à tous autres égards, elle se conforme à ce droit, elle ne peut pas être considérée comme vertueuse, et il n'y a aucune raison valable d'assurer qu'elle ne le fera pas. , avec des incitations suffisantes, violer les obligations mêmes qu'il tient désormais dans le respect le plus fidèle. C'est ce que signifie cette parole de saint Jacques : « Celui qui observe toute la loi, et pourtant commet une faute sur un seul point, est coupable de tous », - non pas que celui qui commet une seule offense par inadvertance ou par tentation soudaine soit coupable. donc coupable; mais celui qui viole volontairement et délibérément le droit dans les domaines dans lesquels il est le plus fortement tenté de faire du mal et du mal, montre une indifférence à l'égard du droit qui l'amènera à l'observer seulement aussi longtemps et aussi loin qu'il le jugera commode et facile donc à faire.

Ici, nous sommes naturellement amenés à nous demander s'il existe un **lien essentiel entre la vertu et la piété** , entre l'accomplissement fidèle des devoirs communs de la vie et la loyauté aimante envers l'Être suprême. Sur ce sujet, des opinions extrêmes ont été émises, d'un côté des sceptiques et des incroyants, de l'autre des chrétiens avec un levain d'antinomisme, soutenant l'entière indépendance de la vertu sur la piété ; tandis que les chrétiens de tendance opposée les ont représentés, malgré de nombreuses preuves du contraire, comme inséparables. Nous constaterons, à l'examen, qu'ils sont séparables et indépendants, mais auxiliaires les uns des autres. La vertu est une conduite conforme au bien, et nous avons vu que le bien et le mal, en tant que distinctions morales, ne dépendent pas de la nature divine, de la volonté ou de la loi [8], mais des conditions inhérentes et nécessaires de l'être. L'athée ne peut pas y échapper ou les renier. Tout ce qui existe – quelle que soit la manière dont il est né – doit avoir la place qui lui revient, ses affinités, ses adaptations et ses usages. Un habitant intelligent parmi les choses qui sont ne peut que connaître quelque chose de leurs aptitudes et de leurs harmonies, et dans la mesure où il agit sur elles, ne peut que ressentir l'obligation de reconnaître leurs aptitudes et ainsi de créer ou de restaurer leurs harmonies. Même pour l'athée, le vice est une violation des aptitudes qu'il connaît ou peut connaître. Cela va à l'encontre de son jugement consciencieux. Il a à ce sujet un inévitable sentiment d'injustice. On peut donc concevoir qu'un athée soit rigidement vertueux, et cela par principe. Bien que parmi les anciens stoïciens il y ait eu des hommes éminemment pieux, il y en avait d'autres, des hommes d'une vertu imprenable, dont la théologie était trop vague et trop maigre pour fournir soit un fondement, soit une nourriture à la piété. Alors que, par conséquent, dans les aptitudes mutuelles et réciproques qui imprègnent l'univers, nous trouvons des preuves démonstratives de l'être, de l'unité et de la perfection morale du Créateur, nous sommes contraints de reconnaître la possibilité que ces aptitudes soient reconnues dans la conduite de la vie par ceux qui le font. qui ne les suivent pas jusqu'aux grandes vérités de la théologie auxquelles ils indiquent et conduisent.

Mais, d'un autre côté, là où il y a une connaissance claire ou une croyance indubitable en l'être et la providence de Dieu, et en particulier pour les personnes qui reçoivent le christianisme comme une révélation de la vérité, bien que, en tant qu'affection, la piété soit indépendante. de vertu, les devoirs de piété sont une partie essentielle de la vertu. Si Dieu existe, nous entretenons avec Lui des relations définissables, et ces relations sont rendues définies par le christianisme. Ces relations ont leurs aptitudes, et nous ne voyons pas comment peut être un homme tout à fait vertueux qui, discernant ces aptitudes avec l'entendement, ne parvient pas à les reconnaître dans sa conduite. La conscience ne peut prendre connaissance que des aptitudes que l'individu connaît ou croit ; mais il prend connaissance de toutes les aptitudes qu'il connaît ou croit. La vertu peut coexister avec un niveau très bas de piété émotionnelle ; mais il ne peut pas coexister, chez celui qui croit aux vérités de la religion, avec le blasphème, l'irrévérence, ou la violation ou la négligence consciente des obligations religieuses. Celui qui ment volontairement dans ses relations avec l'Être Suprême n'a besoin que d'une tentation adéquate pour le rendre faux dans ses relations humaines et dans les convenances de sa vie quotidienne. De plus, même si, comme nous l'avons dit, la vertu peut exister là où il y a peu de piété émotionnelle, la vertu ne peut guère manquer de chérir la piété. La loyauté de conduite approfondit la loyauté d'esprit ; l'obéissance nourrit l'amour ; celui qui fait fidèlement la volonté de Dieu peut difficilement manquer de devenir adorateur et pieux ; et tandis que les hommes sont plus fréquemment conduits par la piété émotionnelle à la vertu, il ne fait aucun doute que chez beaucoup le processus est inversé et que la vertu conduit à la piété émotionnelle. Là encore, nous avons vu que la religion fournit le plus efficace de tous les motifs pour une vie vertueuse, des motifs adéquats à une tension de tentation et d'épreuve qui suffit à vaincre et à neutraliser tous les motifs inférieurs.

* * * * *

La vertu est une et indivisible dans son principe et son essence, mais **dans ses manifestations extérieures, elle présente des aspects très différents** et suscite une diversité correspondante dans les traits de caractère spécifiques. Ainsi, bien que l'aptitude intrinsèque soit également la règle de conduite lors d'une fête de plaisir et au chevet d'un pauvre, la conduite de l'homme vertueux sera très différente dans ces deux occasions ; et non seulement ainsi, mais dans le même but de fidélité à ce qui est convenable et juste, ses dispositions, ses buts et ses efforts en ces deux occasions n'auront que peu ou rien de commun, sauf le seul but omniprésent. Par conséquent, la vertu peut, sous différentes formes, prendre différents noms et peut ainsi être divisée en *vertus distinctes* . Celles-ci sont nombreuses ou peu nombreuses, selon que l'on répartit en groupes plus ou moins grands les occasions d'une conduite vertueuse, ou qu'on analyse avec plus ou moins de minutie les sentiments et les dispositions dont elle procède.

Les [2]**vertus cardinales** sont les vertus *charnières* , celles sur lesquelles le caractère *s'articule* ou tourne, celles, la possession de tout, qui constitueraient un caractère vertueux, tandis que l'absence de l'une d'entre elles ferait perdre à juste titre à un homme l'épithète *vertueux*. . Il existe d'autres qualités moins saillantes et essentielles - des vertus mineures - dont la possession ajoute à la symétrie, à la beauté et à l'efficacité du caractère, mais qui peuvent manquer et qui méritent néanmoins d'être considérées comme un homme vertueux. Ainsi, la justice est une vertu cardinale ; douceur, une du moindre rang.

Nous proposons d'adopter comme **division des vertus** celle qui reconnaît quatre vertus cardinales, correspondant à quatre classes sous lesquelles peuvent être comprises toutes les aptitudes de la condition de l'homme en ce monde, et les devoirs qui en découlent respectivement. [10]Il existe des aptitudes et des devoirs qui appartiennent, premièrement, à notre propre être, à notre nature, à nos capacités et à nos besoins ; deuxièmement, à ses relations avec ses semblables ; troisièmement, à sa disposition et à sa conduite par rapport aux objets et événements extérieurs indépendants de sa volonté ; et quatrièmement, à son agencement, sa disposition et son utilisation des objets sous son contrôle. Il est difficile de trouver des noms qui, dans leur usage courant, comprennent séparément tout le contenu de chacune de ces quatre divisions ; mais pourtant ils sont tous compris dans la signification la plus large des termes Prudence, Justice, Courage et Ordre. Ainsi employée, la prudence, ou providence, inclut tous les devoirs de gouvernement et d'auto-culture ; La justice désigne tout ce qui est dû à Dieu et à l'homme, embrassant la piété et la bienveillance ; La force, qui n'est qu'un synonyme de force, est un nom général approprié pour tout mode, qu'il s'agisse de défi, de résistance ou d'endurance, dans lequel l'homme se montre supérieur à son inévitable environnement ; et l'ordre s'étend à tous les sujets dans lesquels la question du devoir est une question de temps, de lieu ou de mesure.

Nous ne pouvons concevoir aucun sentiment, but ou action juste qui ne relève de l'une de ces catégories. Il est évident aussi que ce sont toutes des vertus *cardinales* , dont aucune ne saurait manquer ou être gravement déficiente chez un homme vertueux. Car, en premier lieu, celui qui omet ne serait-ce que les devoirs de l'auto-culture, et se laisse ainsi ignorer ce qu'il devrait savoir, prend sur lui tout le fardeau, le blâme et la pénalité de tout mal qu'il peut commettre dans conséquence d'une ignorance inutile ; deuxièmement, celui qui est volontairement infidèle dans l'une de ses relations avec Dieu ou avec l'homme ne peut en aucun cas être digne d'approbation ; et, troisièmement, ne peut l'être celui qui est l'esclave et non le maître de son environnement ; tandis que, quatrièmement, les convenances de temps, de lieu et de mesure sont si essentielles au bien faire que leur violation rend faux ce qui était bien.

De plus, **chacune de ces quatre vertus** , si elle est authentique et hautement développée, **implique la présence de toutes les autres** . 1. Il y a un monde de sagesse dans la question posée dans les Écritures hébraïques : « Tous les ouvriers d'iniquité n'ont-ils aucune connaissance ? Il y a dans toute action mauvaise soit de l'ignorance, soit une hallucination ou un aveuglement temporaire, et l'imprudence n'est qu'une ignorance ou une illusion mise en action. Si nous voyions clairement les portées et les conséquences certaines de nos actions, nous n'aurions pas besoin d'un moyen de dissuasion plus fort contre tout mal, d'un motif plus convaincant pour toute forme de vertu. 2. Il n'y a aucun devoir concevable qui ne puisse être placé sous le chef de la justice, soit envers Dieu, soit envers l'homme ; car nos devoirs envers nous-mêmes sont dus à Dieu qui les a ordonnés, et à l'homme dont nous sommes d'autant plus en mesure de bénéficier que nous sommes plus diligents à nous gouverner nous-mêmes et à nous améliorer. 3. Nos méfaits de toutes sortes viennent de ce que nous nous soumettons aux choses extérieures au lieu de nous élever au-dessus d'elles ; et celui qui vit vraiment au-dessus du monde ne peut guère manquer d'y faire tout ce qui y est juste et bon. 4. Un ordre parfait – faire tout au bon moment, au bon endroit et dans la bonne mesure – impliquerait la présence de toutes les vertus et inclurait tout leur travail.

Avec cette explication, nous emploierons les termes **Prudence** , **Justice** , **Force** et **Ordre** dans les titres des quatre chapitres suivants, en revendiquant en même temps la liberté d'employer ces mots, comme cela nous conviendra, dans le sens plus restreint qui leur est donné. ils portent généralement.

Chapitre IX.

Prudence; Ou devoirs envers soi-même.

Peut-il y avoir **des devoirs envers soi-même** qui soient une obligation absolue ? Les droits sont des droits, et ils impliquent deux parties, l'une qui les doit, et l'autre à qui ils sont dus, le débiteur et le créancier. Mais le créancier peut, à sa guise, annuler la dette et libérer le débiteur. Pourquoi donc, en tant que créancier, ne puis-je pas, dans mes devoirs personnels, me libérer de ma qualité de débiteur ? Pourquoi ne puis-je pas, tant que je ne viole aucune obligation envers autrui, être, à mon gré, oisif ou travailleur, indulgent ou abstinent, frivole ou sérieux ? Pourquoi, si la vie me semble pesante, ne puis-je pas me soulager des ennuis de vivre ? La réponse est qu'à chaque objet de l'univers avec lequel je suis mis en relation, je dois son bon usage, et qu'aucun être dans l'univers, pas même l'Omnipotent, ne peut m'absoudre de cette obligation. Or, mes différents pouvoirs et facultés, par rapport à ma volonté, sont des objets sur lesquels mes volontés prennent effet, et je suis tenu de vouloir leurs usages appropriés et de m'abstenir de contrecarrer ou de violer ces usages, pour le même motif sur lequel je suis. tenu d'observer et de vénérer les aptitudes des objets qui ne font pas partie de ma personnalité. De plus, cette vie terrestre est, par rapport à ma volonté, un objet sur lequel mes volontés peuvent agir ; J'apprends – sinon par la raison seule, grâce à la révélation chrétienne – que ma vie a ses utilisations appropriées, à la fois dans ce monde et pour me préparer à un état d'être supérieur, et que ces utilisations sont souvent mieux servies par les événements et les événements les plus douloureux. expériences; et je me trouve ainsi tenu de prendre le plus grand soin de ma vie, même lorsqu'elle semble le moins digne d'être entretenue.

Les **devoirs qui nous incombent** sont la conservation de soi, l'acquisition de la connaissance, la maîtrise de soi et l'auto-culture morale.

Section I.

Auto-préservation.

Les **usages de la vie** , tant pour nous-mêmes que pour les autres par notre intermédiaire, suffisent, comme nous l'avons dit, pour faire de sa conservation un devoir qui nous est imposé par la loi de l'aptitude. Ce devoir est violé non seulement par le suicide – contre lequel il est inutile de raisonner, car ses victimes dans la chrétienté moderne sont rarement saines d' esprit – mais également par une exposition inutile et gratuite au péril. Une telle exposition se traduit fréquemment par des exploits de force ou d'audace imprudents, parfois consommés par une mort immédiate, et encore plus souvent par une autodestruction plus lente par la maladie. Il y a sans aucun doute des occasions où la préservation de soi doit céder la place à un devoir plus élevé, et l'humanité n'a franchi aucune étape importante dans son progrès sans le libre sacrifice de nombreuses vies nobles ; mais parce que c'est peut-être un devoir de donner la vie pour la cause de la vérité ou de la liberté, il ne s'ensuit nullement qu'on ait le droit de la gaspiller pour la satisfaction de la vanité, pour un pari dérisoire ou pour gagner la renommée d'un homme. athlète accompli.

Le devoir de conservation comprend bien entendu **un souci raisonnable de la santé** , sans lequel les usages de la vie sont fondamentalement restreints et altérés. Ici, un juste moyen doit être recherché et respecté. Il y a, d'une part, un soin excessif du corps qui, s'il n'affaiblit pas l'esprit, le détourne de son véritable travail et fait de la nature spirituelle une simple esclave de l'organisme matériel. Cette sollicitude est parfois si excessive qu'elle va à l'encontre de son propre objectif, en créant des maladies imaginaires, puis en les rendant réelles ; et le nombre n'est pas négligeable de ceux qui sont devenus des invalides chroniques uniquement à cause des efforts qu'ils ont pris pour ne pas l'être. D'un autre côté, il y a une insouciance quant à l'habillement et au régime, à laquelle la constitution la plus forte doit enfin céder ; et la conscience intense de force et de vigueur, qui tente de se croire invulnérable, est souvent la cause d'une infirmité et d'un handicap qui durent toute la vie. Parmi les cas de maladie prolongée et affaiblissante, il est probable qu'un plus grand nombre de cas résultent de causes évitables que de causes inévitables, et si l'on ajoute à cela les nombreux cas dans lesquels l'insuffisance de la santé doit être attribuée à des causes héréditaires qui auraient pu être évitées, ou à cause des dispositions sanitaires défectueuses qui peuvent être mises à la charge du public, nous avons une énorme quantité de vie utile inutilement gaspillée à toutes fins d'utilité active ; tandis que pour les précieux exemples de patience, de résignation et de joyeuse endurance, les infirmités et les souffrances inhérentes aux conditions sanitaires les plus favorables auraient pu suffire amplement.

Il existe sans aucun doute une telle diversité de constitution et de tempérament qu'aucune **règle spécifique d'auto-conservation ne peut être établie** ; et en ce qui concerne le régime alimentaire, le sommeil et l'exercice, l'habitude peut rendre les méthodes et les horaires les plus différents également sûrs et bénéfiques. Mais une nourriture saine en quantité modérée, un sommeil suffisamment long pour se reposer et se rafraîchir, un exercice suffisant pour neutraliser l'influence torpifiante des activités sédentaires, et tout cela, bien que non avec une uniformité servile, mais avec un bon degré de régularité, peut être considéré comme essentiel à un bon état de fonctionnement du corps et de l'esprit. On peut en dire autant de l'utilisation sans réserve de l'eau, qui est heureusement devenue une nécessité de la haute civilisation, de l'air pur, dont la valeur en tant qu'agent sanitaire est pratiquement ignorée par la majeure partie de notre communauté, et de la lumière directe du soleil. du ciel, dont l'exclusion des habitations pour des motifs d'économie, tout en épargnant les tapis et les rideaux, flétrit et déprime leurs propriétaires. Ces sujets sont insérés dans un traité d'éthique, car tout ce qui a une incidence sur la santé, et donc sur la capacité d'utilité personnelle et humaine qui constitue toute la valeur de cette vie terrestre, est d'une grave signification morale. Si la préservation de la vie est un devoir, alors toutes les précautions et mesures d'hygiène sont des devoirs et, en tant que telles, elles doivent être traitées par l'agent moral individuel, par les parents, les tuteurs et les enseignants, ainsi que par le public en général.

L'auto-préservation est menacée par la pauvreté. Dans le manque ou la précarité des moyens de subsistance, la santé du corps risque d'en souffrir ; et même là où il n'y a pas un besoin absolu, mais une condition tendue dans le présent et douteuse quant à l'avenir, l'esprit perd une grande partie de sa puissance de travail, et la vie est privée d'une grande partie de son utilité. D'où le devoir d'industrie et d'économie de la part de ceux qui dépendent de leurs propres efforts. Ce n'est pas le devoir de l'homme d'être riche, même si celui qui, en acquérant de la richesse, assume les obligations et les responsabilités qui lui sont dues, est un bienfaiteur public ; mais c'est le devoir de chacun d'éviter la pauvreté, s'il le peut, et celui qui se rend ou se maintient pauvre par sa propre indolence, son économie ou sa prodigalité, commet un péché contre sa propre vie, qu'il restreint quant à sa capacité de bien, et contre la société, qui a un intérêt bénéfique à la vie pleinement développée de tous ses membres.

Section II.

L'acquisition de la connaissance.

Dans la mesure où la connaissance, réelle ou supposée, doit nécessairement précéder tout acte de volonté, et que l'adaptation de nos actions à nos objectifs dépend de l'exactitude de notre connaissance, **il est intrinsèquement approprié que nos capacités cognitives soient**

minutieusement développées et entraînées. et employé avec diligence. Cela est d'autant plus approprié que, comme nous l'avons déjà montré, c'est par la connaissance seule que nous pouvons rendre notre conduite conforme au droit absolu, et il n'y a rien dans le domaine de notre connaissance possible qui ne puisse devenir d'une manière ou d'une autre liés à notre libre arbitre en tant qu'êtres moraux.

Il est primordial que ce que nous semblons savoir, nous le sachions avec précision ; et comme c'est par les sens que nous acquérons notre connaissance, non seulement des objets extérieurs avec lesquels nous sommes quotidiennement en contact, mais des esprits autres que le nôtre, **l'éducation des sens** est un devoir évident. Il existe peu de sources de mal social, d'injustice et de misère aussi prolifiques que le mensonge de personnes qui veulent dire la vérité, mais qui ne voient ou n'entendent qu'en partie et suppléent aux déficiences de la perception par l'imagination. Dans l'acquisition de connaissances du plus haut intérêt et de la plus haute importance, ce même obstacle est l'un des obstacles les plus fréquents. L'œil insouciant et l'oreille insouciante font perdre à de nombreux esprits une grande partie du temps ostensiblement consacré à des activités sérieuses, et rendent leur croissance pitoyablement lente et maigre en comparaison de leurs moyens de culture. Les sens peuvent, surtout au début de la vie, être entraînés à la vigilance et à la précision, afin qu'ils puissent transmettre à l'esprit des rapports véridiques et complets sur ce qu'ils voient et entendent ; et c'est seulement grâce à un tel entraînement que les facultés perceptives peuvent accomplir tout le travail pour lequel elles sont conçues et adaptées.

Il existe également des sens intérieurs, **des pouvoirs d'appréhension de l'esprit** , qui ont également soif de culture et dont la précision et la force dépendent d'une éducation soigneuse et d'une utilisation diligente. La simple observation, l'expérience ou l'étude ne peuvent donner une connaissance utile. On peut avoir une mémoire riche et diversifiée, et pourtant être incapable d'en utiliser le contenu à son propre avantage ou au profit des autres. En effet, il y a des esprits qui sont paralysés parce qu'ils sont surchargés, parce qu'ils acceptent des marchandises plus vite qu'ils n'en ont la place. Ce ne sont que les matériaux que l'esprit s'est approprié, incorporés à sa substance, qu'il peut pleinement utiliser. La connaissance doit être mise en action par l'entendement, la raison, le jugement, avant de pouvoir être transmuée en sagesse et employée soit dans l'acquisition d'une nouvelle vérité, soit dans la conduite de la vie. L'activité mentale est donc un devoir ; car si nous sommes tenus de préserver la vie, par parité de raison, nous sommes tenus d'améliorer sa qualité et d'augmenter sa quantité, et cela ne peut se faire que si les facultés intellectuelles sont renforcées par un exercice diligent, ainsi que nourries par les faits et les vérités. qui sont la matière première de la sagesse.

objets de connaissance appropriés varient indéfiniment selon la condition de vie de chacun. Des choses en elles-mêmes insignifiantes ou évanescentes peuvent, dans certaines circonstances, exiger notre attention et notre connaissance approfondie. Nous devons, d'une part, savoir tout ce que nous pouvons sur les sujets sur lesquels nous devons parler ou agir, et, d'autre part, nous abstenir de parler ou d'agir volontairement sur des sujets que nous ignorent. Ainsi, nos relations sociales et nos relations quotidiennes peuvent nous obliger à acquérir, pour notre usage courant, une grande quantité de connaissances précises dont il ne vaut pas la peine de nous souvenir. Alors la profession, les affaires déclarées ou l'occupation habituelle d'un homme lui ouvre un vaste champ de connaissances, avec lequel et avec ses provinces alliées il est manifestement de son devoir de se familiariser au maximum ; car l'authenticité et la valeur de son travail doivent dépendre dans une large mesure de son intelligence. En même temps, chacun est tenu de rendre sa profession digne de respect ; en ne le faisant pas, il porte préjudice aux membres de sa profession collectivement ; et aucun métier ne peut obtenir le respect, si ceux qui le poursuivent se montrent incultes et ignorants. Jusqu'à présent, la connaissance devrait donc être étendue sur la base de son utilité pratique. Au-delà de cette fourchette, il existe un domaine illimité de vérité, dont la connaissance est inestimablement précieuse pour la culture supérieure de l'esprit et du caractère. Dans ce domaine, dont seule une infime partie peut être conquise au cours d'une vie terrestre, il n'y a aucune région stérile, il n'y a aucun département de la nature, de la psychologie ou des sciences sociales, à travers lequel l'esprit ne puisse s'élargir, s'exalter. , dynamisé, conduit à des relations plus intimes avec l'Intelligence Suprême, doté d'un pouvoir supplémentaire d'action bienfaisante. Même si, par conséquent, la connaissance des choses telles qu'elles sont, ainsi que de leurs principes et lois sous-jacents, dans la mesure où nous sommes en mesure de l'acquérir, est non seulement un privilège inestimable, mais un devoir absolu, il n'y a aucune considération morale qui nécessite orienter ou limiter notre choix des thèmes de recherche ou d'étude. Ceux-ci peuvent à juste titre être déterminés par une propension native ou acquise, par une opportunité ou par des considérations d'utilité. Et si l'amour de la vérité est formé et entretenu, il ne peut pas non plus avoir d'importance essentielle que telle ou telle partie de la vérité soit recherchée ou négligée pendant la brève période de notre vie dans ce monde ; car, au mieux, ce que nous laissons inachevé doit dépasser incommensurablement nos réalisations, et il y a une éternité devant nous pour ce que nous sommes obligés d'omettre ici. En même temps, la portée illimitée et la grande diversité des choses connaissables et dignes d'être connues sont adaptées pour stimuler l'auto-culture et, dans la même proportion, pour investir la vie humaine d'une dignité plus élevée, d'une valeur intrinsèque plus grande et d'une vie plus grande. influence durable.

Section III.

Maîtrise de soi.

Un homme doit être soit autonome, soit soumis à un gouvernement pire que le sien. Dieu gouverne les hommes uniquement en les enseignant et en les aidant à se gouverner eux-mêmes. Les hommes bons, s'ils sont également sages, ne cherchent pas, même dans les buts les plus élevés, à contrôler leurs semblables, mais, dans la mesure où ils le peuvent, à leur permettre et à les encourager à exercer une maîtrise de soi qui leur est due. Il n'y a que des hommes imprudents ou méchants qui usurpent le gouvernement d'autres volontés que la leur. Mais la volonté individuelle est plus souvent rendue inefficace par la passion que par l'influence directe d'autres esprits. L'homme, dans son état normal, veut soit ce qui est opportun, soit ce qui est juste. La passion suspend, quant à ses objets, toute référence à l'opportunité et au droit, même lorsqu'on a la connaissance la plus claire des tendances des actes auxquels elle incite. Ainsi le sensualiste sait souvent qu'il se suicide rapidement et sûrement, mais ne peut s'arrêter au bord d'une ruine certaine. L'homme chez qui l'avarice est devenue une passion est parfaitement conscient des conforts et des jouissances qu'il sacrifie, et pourtant il est aussi peu capable de les se procurer que s'il était un pauvre. La colère et la vengeance poussent souvent les hommes à commettre des crimes dont ils savent qu'ils ne seront pas moins mortels pour eux-mêmes que pour leurs victimes. Or, si un homme ne veut pas se mettre et se maintenir sous le gouvernement de la conscience, il lui importe au moins de rester sous le contrôle de la raison, qui, si elle ne l'oblige pas à faire le bien, le retiendra dans les limites de l'opportunité. et lui assurera ainsi une réputation, une position juste et une vie sûre, même si elle manque au bien le plus élevé et le plus durable.

La maîtrise de soi se perd facilement et souvent inconsciemment. Le premier abandon est susceptible d'être définitif et permanent. En effet, dans de nombreux cas, la passion destinée à être dominante a presque atteint la maturité de son pouvoir avant toute violation extérieure de l'expédient ou du droit. Là où les influences restrictives de l'éducation et de l'environnement sont fortes, là où des intérêts importants sont en jeu, ou là où la conscience n'a pas été habituellement réduite au silence ou altérée, l'appétit, le désir ou l'affection périlleux couve longtemps dans la pensée et est si largement laissé libre. rêverie et anticipation, qu'elle devient impérieuse et despotique avant de prendre ses formes habituelles de manifestation extérieure. De là l'engouement soudain et la ruine rapide auxquels nous assistons parfois, cas dans lesquels il semble qu'il n'y ait qu'un seul pas entre l'innocence et la profonde dépravation. En vérité, il y a plusieurs étapes ; mais jusqu'à ce qu'ils deviennent précipités, ils restent cachés à la vue humaine.

La maîtrise de soi , donc, pour être efficace, **doit être exercée sur les pensées et les sentiments** , en particulier sur l'imagination, qui remplit si largement de ses fantasmes et de ses rêveries nos autres heures inoccupées. Que ces heures soient aussi réduites que possible ; et qu'ils soient remplis de pensées que nous n'aurions pas honte d'exprimer, de projets que nous pourrions réaliser avec le suffrage approbateur de tous les hommes de bien. La vie intérieure, qui redouterait l'expression et l'exposition, met déjà en péril la vie extérieure ; car la passion, ainsi nourrie et entretenue intérieurement, ne peut guère manquer de prendre tôt ou tard le contrôle de la conduite et la formation du caractère. Que les pensées soient bien gouvernées, et que la vie soit émancipée des passions et sous le contrôle de la raison et des principes.

Section IV.

Culture morale de soi.

Il est évident que, **quels que soient les objectifs d'un homme, leur réalisation dépend plus de lui-même que de tout moyen qu'il peut employer** . Si son but est d'étendre son influence, ses paroles et ses actes ont simplement la force que leur donne son caractère. Si son but est l'utilité, sa propre personnalité mesure en partie la valeur de ses dons et détermine entièrement la valeur de ses services. Si son but est le bonheur, plus il est homme, plus grande est sa capacité de jouissance ; Car, de même qu'un chien tire plus de plaisir de la vie qu'un zoophyte, et un homme qu'un chien, de même l'homme pleinement et symétriquement développé dépasse en réceptivité du bonheur celui dont la nature est imparfaitement ou anormalement développée. Or, c'est grâce à un entraînement approfondi et à l'exercice fidèle de ses facultés et de ses pouvoirs moraux que l'homme est le plus capable d'influence, le mieux préparé à être utile et doté de la plus grande capacité de bonheur. L'histoire le montre. Les hommes dont nous serions prêts à assumer le sort (s'il en est un autre que le nôtre) ont été, sans exception, des hommes bons. S'il y a dans nos cercles respectifs ceux dont la position nous semble enviable à tous égards, ce sont des hommes d'une excellence morale prééminente. Nous n'accepterions pas – si nous l'avions – la position extérieure la plus désirable avec un caractère endommagé. Il y en a probablement peu qui ne considèrent pas un caractère vertueux comme si désirable, qu'en cédant à la tentation et en tombant sous le joug d'habitudes vicieuses, ils entendent néanmoins se réformer et devenir ce qu'ils admirent. Les vieillards qui ont mené une vie débauchée portent toujours des signes visibles d'avoir renoncé à tous les buts précieux de la vie, confessent souvent que tout leur passé a été une erreur et rendent souvent un témoignage fidèle de la valeur transcendante de la bonté morale. Rester satisfait sans cela est donc un péché contre sa propre nature, un sacrifice de bien-être et de bonheur que personne n'a le droit de faire, et qu'aucun homme prudent ne fera.

L'autoculture dans la vertu implique et exige une réflexion sur le devoir et sur les motifs du devoir, sur sa propre nature, ses capacités et ses responsabilités, et sur ces grands thèmes de pensée qui, par leur ampleur et leur hauteur, élargissent et exaltent les esprits qui se familiarisent avec eux. Le simple travail de la langue ou du travail manuel de la vertu se ralentit et se détériore lorsqu'il n'est pas soutenu par une pensée et un sentiment profonds. De plus, c'est l'esprit qui agit, et il met dans son action tout ce qu'il a – et pas plus – d'énergie morale et spirituelle, de sorte que le même acte extérieur signifie plus ou moins, vaut plus ou moins, proportionnellement. à la profondeur et à la vigueur du sentiment et du but dont il procède. C'est ainsi que la dévotion religieuse nourrit la vertu, et que nul n'est aussi bien préparé aux devoirs de la vie terrestre que ceux qui, dans leur méditation habituelle, connaissent le plus intimement la vie céleste.

Dans l'auto-culture morale, l'exemple, qu'il soit donné aux vivants ou aux morts, procure un grand bénéfice. Peut-être les morts sont-ils, à cet égard, plus utiles que les vivants. En étant témoin des actions dignes et de l'action bienfaisante d'une personne d'excellence supérieure, la tendance est à une imitation exagérée d'actes et de méthodes spécifiques qui, précisément parce qu'ils sont spontanés et adaptés à son cas, ne le seront pas dans le cas de celui-ci. de son copiste ; tandis que la biographie d'un homme éminemment bon suscite notre sympathie pour son esprit plutôt que pour les détails de sa vie, et nous stimule à incarner le même esprit dans des formes de devoir et d'utilité très différentes. Ainsi, le maître d'école qui, du vivant du Dr Arnold, entendit parler de ses succès sans précédent en tant qu'éducateur, aurait été tenté d'aller au Rugby, d'étudier le système sur le terrain, puis d'adopter, dans la mesure du possible, les plans mêmes. qu'il y vit fonctionner avec succès, des plans qui n'auraient pu être adaptés ni à son génie, ni aux traditions de son école, ni aux exigences de ses patrons. Parallèlement, l'intérieur de l'Ecole de Rugby était très peu connu, les principes de son administration encore moins, des personnes autres que les enseignants. Mais la biographie d'Arnold, révélant les principes fondamentaux de son caractère et de son œuvre, lui suscita une foule d'imitateurs de toutes classes et de toutes conditions. Price, qui transforma son immense fabrique de bougies près de Londres en un véritable séminaire chrétien pour l'amélioration mutuelle de la connaissance, de la vertu et de la piété, professait de devoir l'impulsion de cette entreprise uniquement à la « Vie d'Arnold », et des exemples similaires se multiplièrent dans des métiers très divers à travers le monde anglophone. En fin de compte, l'exemple nous est utile, non pas en indiquant les choses précises à faire, mais en montrant la beauté, la beauté et la majesté de la bonté morale, la possibilité d'accomplissements moraux exaltés et les possibilités variées de leur exercice dans vie humaine. Même celui dont nous, chrétiens, vénérons l'exemple avec un respect que nul autre ne partage, doit être imité, sans copier servilement ses actes spécifiques qui, parce qu'ils convenaient en Judée au premier siècle, sont pour la plupart inadaptés. en Amérique au XIXe siècle, mais en s'imprégnant de son esprit, puis en l'incarnant dans des formes de service actif et de service adaptées à notre époque et à notre pays.

Enfin et évidemment, **la pratique de la vertu** est le moyen le plus efficace d'auto-culture morale. À mesure que la pensée exprimée ou écrite s'ancre de manière indélébile dans l'esprit, le principe ou le sentiment incarné dans l'action devient de plus en plus intimement et de manière persistante un élément de la conscience morale de soi.

Chapitre X.

Justice; Ou, Devoirs envers ses semblables.

La justice, dans l'usage courant du mot, se réfère uniquement aux droits et devoirs qui peuvent être définis avec précision, édictés par la loi et appliqués par l'autorité légale. Pourtant, nous reconnaissons virtuellement un sens plus large au mot, chaque fois que nous opposons droit et justice, comme lorsque nous parlons d'une *loi injuste* . Dans cette phrase, nous impliquons qu'il existe une justice suprême et universelle, dont les exigences de la loi humaine ne sont qu'une transcription partielle et imparfaite. Cette justice doit embrasser tous les droits et devoirs de tous les êtres, humains et divins ; et c'est dans ce sens que nous pouvons considérer tout ce qu'un être dans l'univers peut légitimement prétendre d'un autre être comme relevant de la justice. Tel est, comme nous l'avons déjà laissé entendre, le sens dans lequel nous avons utilisé le terme dans la légende d'un chapitre qui embrassera la piété et la bienveillance tout autant que l'intégrité et la véracité.

Section I.

Devoirs envers Dieu.

Bien que nous ne puissions pas commander nos affections, nous pouvons **gouverner et diriger nos pensées** de manière à exciter les affections que nous désirons chérir ; et si certaines affections doivent inévitablement résulter de certains courants ou habitudes de pensée, ces affections peuvent être considérées comme virtuellement soumises à la volonté et, si elles sont justes, comme des devoirs. C'est en ce sens que la gratitude et l'amour envers Dieu sont des devoirs. Nous ne pouvons pas contempler les marques de son amour dans l'univers extérieur, les objets innombrables qui n'ont d'autre utilité que d'en profiter, la bienveillance de sa providence perpétuelle, les dons et les capacités de notre propre être, l'immortalité de notre aspiration naturelle et notre foi et notre espérance chrétiennes, le pardon et la rédemption qui nous viennent à travers Jésus-Christ, et les bénédictions incommensurables de sa mission et de son évangile, sans une fervente gratitude envers notre bienfaiteur infini. Nous ne pouvons pas non plus le considérer comme l'archétype et la source de tous ces traits de beauté et d'excellence spirituelles qui, chez l'homme, suscitent notre révérence, notre admiration et notre affection, sans aimer en lui la bonté, la pureté et la miséricorde parfaites. Ces attributs pourraient, en effet, à eux seuls ne pas présenter l'Être suprême à nos conceptions comme une personnalité reconnaissable, si l'élément personnel n'était pas si clairement manifeste dans l'univers visible et dans la providence constante de Dieu. Mais il existe de nombreux objets, phénomènes et événements dans la nature et dans la providence qui ont, pour ainsi dire, une expression personnelle distinctive, de sorte que les métaphores familières du visage, du sourire, de la main et de la voix de Dieu ne transcendent pas l'expérience littérale de celui qui traverse la vie avec l'œil et l'oreille intérieurs toujours ouverts.

L'omniprésence de Dieu impose à la piété naturelle de s'adresser directement à Lui dans **les actions de grâces et la prière** , non pas nécessairement avec des mots, sauf si les mots sont essentiels à la définition des pensées, mais avec des mots ou des pensées qui constituent une expression. à lui des sentiments dont il est à juste titre l'objet. En ce qui concerne la prière, en effet, les graves doutes qui existent dans certains esprits quant à son efficacité pourraient être invoqués pour expliquer pourquoi elle ne devrait pas être offerte ; mais à tort. Il est si naturel, si intrinsèquement approprié de demander ce que nous désirons et ce dont nous avons besoin à un Être omniprésent, omnipotent et miséricordieux, qui nous a appris à l'appeler notre Père, que la pertinence même de cette demande est en elle-même une forte raison de le faire. croyant que nous ne demanderons pas en vain. Nous ne pouvons pas non plus demander en vain si, à travers cette communion de l'esprit humain avec le Divin, il y a un afflux de force ou de paix dans l'âme qui prie, même si les objets spécifiques pour lesquels on prie ne sont pas exaucés. Que ces objets, quand ils sont matériels, ne sont souvent pas accordés, nous le savons bien ; Pourtant, nous savons trop peu de choses sur l'étendue des lois matérielles et sur la mesure dans laquelle une Providence discrétionnaire peut agir, non pas en violation de ces lois, mais à travers ces lois, pour déclarer dogmatiquement que les prières des hommes sont totalement méconnues au cours des événements. .

Comme les membres d'une même communauté ont en commun de très nombreux bienfaits et besoins, il convient évidemment qu'ils s'unissent dans **le culte public, la louange et la prière** ; et si tel est un devoir de la communauté collectivement, la participation à celle-ci doit, par parité de raison, être le devoir de ses membres individuels. Le culte public implique l'aptitude, on peut même dire la nécessité, de s'y approprier exclusivement certains lieux et certains moments. Les associations s'attachent aux lieux de manière si indélébile qu'il serait impossible de maintenir la gravité et le caractère sacré des services de dévotion dans des bâtiments ou sur des lieux habituellement consacrés à des fins profanes, soit aux affaires, soit aux loisirs.

Les assemblées de culte ne pourraient pas non plus être convoquées, autrement qu'à des intervalles prédéterminés et déterminés ; leur objectif de dévotion ne pourrait pas non plus être atteint s'il n'y avait pas de périodes de temps séparées des occupations et des divertissements ordinaires. D'où le devoir - de la part de tous ceux qui admettent l'aptitude au culte public - de révérer les lieux conventionnellement sacrés et de s'abstenir de tout ce qui est incompatible avec les usages religieux du jour appropriés au culte. [11]

Il nous reste à considérer **les obligations imposées par une révélation reconnue de Dieu** . La situation dans laquelle nous sommes placés par une telle révélation peut être mieux illustrée en référence à ce qui se passe dans chaque famille humaine. Les commandements, préceptes ou conseils d'un père judicieux à l'égard de son fils sont de deux sortes. En premier lieu, il met l'accent sur les devoirs que le fils connaît ou pourrait connaître par son propre sens de l'convenance et du droit, tels que l'honnêteté, la véracité, la tempérance. Ces devoirs n'incomberont en réalité plus au fils parce qu'ils lui seront imposés par son père ; mais s'il est un fils digne de ce nom, il sera plus profondément impressionné par leur obligation, et trouvera dans son amour filial un motif supplémentaire et puissant pour les observer. Le père prescrira, en second lieu, soit pour le bénéfice de son fils, soit pour son propre service, certains actes spécifiques, en eux-mêmes moralement indifférents, et ceux-ci, ainsi prescrits, ne sont plus indifférents, mais, comme actes d'obéissance à l'autorité légitime. , ils deviennent appropriés, justes, obligatoires et dotés de tous les caractères d'actes qui sont en eux-mêmes vertueux. Or, une révélation devrait naturellement contenir, et la révélation chrétienne le fait, des préceptes et des commandements de ces deux classes. Il prescrit avec une insistance solennelle les vertus naturelles qui nous sont obligatoires en raison de notre aptitude intrinsèque ; et bien que cela ne soit pas ainsi devenu notre devoir, nous avons, grâce aux enseignements et à l'exemple de Jésus-Christ, un sens plus vif de notre obligation, une plus haute appréciation de la beauté de la vertu et des motifs supplémentaires à sa culture dérivés de l'amour, la justice et la providence rétributive de Dieu. La révélation chrétienne contient également certaines directives, qui ne constituent en elles-mêmes aucune obligation intrinsèque, comme par exemple celles relatives au baptême et à l'eucharistie. Pour autant que nous puissions le constater, d'autres rites très différents auraient pu remplir le même objectif. Pourtant, il est approprié et juste que celles-ci, et non d'autres, soient observées, simplement parce que l'autorité divine qui les promulgue a le droit de commander et d'être obéie. Les devoirs de cette classe sont communément appelés *positifs* , par opposition aux obligations naturelles. Les deux cours sont également impératifs en termes de condition physique ; mais avec cette différence que, dans cette dernière classe, l'aptitude réside dans les devoirs eux-mêmes, tandis que dans la première, elle naît de la relation entre celui qui donne et ceux qui reçoivent le commandement.

Section II.

Devoirs de la famille.

L'inviolabilité et la permanence du mariage sont si absolument essentielles à la stabilité et au bien-être des familles qu'elles font pratiquement partie des lois de la nature. Les jeunes des autres espèces n'ont qu'une très brève période de dépendance ; tandis que l'enfant humain avance très lentement vers la maturité et, pendant une partie considérable de sa vie, a besoin, tant physiquement que mentalement, du soutien, de la protection et des conseils de ses aînés. La séparation des parents pour d'autres causes que le décès pourrait laisser la question insoluble de savoir à qui d'entre eux appartenait la garde de leurs enfants ; et quelle que soit la manière dont ils seraient éliminés, leur éducation et leur éducation ne seraient pas assurées de manière adéquate. Les enfants pouvaient être confiés aux soins de la mère, tandis que les moyens de les subvenir à leurs besoins appartenaient exclusivement au père. Ou encore, dans la maison paternelle, ils peuvent souffrir du manque d'attention et de services personnels de leur mère ; tandis que s'il contractait un nouveau lien matrimonial, les enfants du mariage précédent ne pourraient guère manquer de négligence, ou même de haine et de blessure, de la part de la rivale heureuse de leur mère, surtout si elle avait elle-même des enfants. [12]

La durée à vie du contrat de mariage contribue également au **bonheur de la relation conjugale** dans son ensemble. Il existe sans doute des cas particuliers de difficultés, dans lesquels une incompatibilité totale et irrémédiable d'humeur et de caractère fait de la vie conjugale un fardeau et une lassitude pour les deux époux. Mais les cas sont bien plus nombreux dans lesquels les divergences de goût et de disposition sont amenées par le temps et l'habitude à une harmonie plus complète, et le mari et la femme, parce qu'ils sont différents, ne deviennent que plus essentiels, chacun au bonheur et au bien-être de l'autre. Là où règne une affection sincère, il y a peu de danger que les années d'un mariage permanent l'affaiblissent ; tandis que, si le contrat était annulable à volonté, il pourrait y avoir après le mariage, comme souvent avant le mariage, une série d'attachements d'une ardeur apparemment égale, chacun étant remplacé à son tour par quelque nouvel attrait. Là où, au contraire, l'union est le résultat, non de l'amour, mais d'une estime et d'une confiance mutuelles, aidées par des motifs de convenance, la possibilité même d'un divorce facile rendrait chaque partie captive et méfiante, de sorte que la confiance pourrait être rétablie. facilement ébranlé et son estime facilement altérée ; tandis que chez ceux qui s'attendent à toujours avoir une maison commune, la tendance est à ces habitudes de tolérance mutuelle, d'accommodement et de concession, par lesquelles la confiance et l'estime mûrissent en affection sincère et durable.

Comme à bien des égards chaque famille doit être une unité, et que le conflit de pouvoirs rivaux n'est pas moins ruineux pour une maison que pour un État, **la famille doit nécessairement avoir un chef** ou un représentant reconnu, et cette place est à juste titre occupée par le mari. plutôt que par la femme ; car selon les lois et les usages de toutes les nations civilisées, il est tenu responsable, sauf en matière pénale, de sa femme et de ses enfants mineurs. Mais dans une famille bien ordonnée, chaque partie au contrat de mariage est suprême dans son propre domaine et dans celui de l'autre, prompte à donner des conseils, de la sympathie et de l'aide, et lente à exprimer sa dissidence, ses remontrances ou ses reproches. Ces départements sont définis avec une parfaite distinction par des considérations d'adéquation intrinsèque, et toute tentative de les interchanger ne peut être que subversive pour la paix intérieure et l'ordre social.

Les devoirs des parents envers l'enfant sont le maintien dans sa propre condition de vie, le soin de son éducation et de sa culture morale et religieuse, le conseil, la retenue en cas de besoin, la punition lorsqu'elle est à la fois méritée et nécessaire, l'exemple pur et une influence saine, l'aide à la formation de l'enfant. des habitudes et des aptitudes adaptées à sa vocation ou à sa succession probable à l'âge adulte, et des dispositions pour son entrée favorable dans sa future carrière. Certaines de ces tâches dépendent évidemment des capacités des parents ; d'autres sont absolus et impératifs. Le parent judicieux conservera, d'une part, son autorité parentale aussi longtemps qu'il sera légalement responsable de son enfant ; mais, d'un autre côté, il l'entraînera progressivement à l'auto-assistance et à l'autonomie, et lui accordera, à mesure qu'il approche des années de maturité, une liberté de choix et d'action compatible avec son bien-être permanent.

Le devoir de l'enfant est la soumission sans réserve à l'autorité de ses parents, l'obéissance à ses commandements et l'obéissance à ses désirs, qui en toutes choses ne sont pas moralement répréhensibles, et ce, non seulement pendant les années de minorité, mais aussi longtemps qu'il reste membre de sa famille. la famille de ses parents ou à sa charge pour sa subsistance. Par la suite, il est sans aucun doute de son devoir de consulter les désirs raisonnables de son parent, de le tenir en respect et en révérence, de veiller assidûment à son confort et à son bonheur et, le cas échéant, de le soutenir dans ses années de déclin et d'infirmité.

Section III.

Véracité.

Le devoir de véracité ne dépend pas des droits d'une seconde personne, mais découle de considérations d'aptitude intrinsèque. Si des représentations de faits, de vérités ou d'opinions doivent être faites, il est évidemment approprié et juste qu'elles soient conformes à la connaissance ou à la croyance de l'individu ; et personne ne peut faire des représentations qu'il sait fausses sans avoir conscience de son inadéquation et de son erreur.

Les intérêts les plus importants de la société dépendent de la confiance que les hommes ont dans la véracité des autres. Sans cela, l'histoire ne vaudrait pas plus que la fiction, et ses leçons resteraient ignorées. Sans cela, les procédures judiciaires seraient une parodie insensée de la justice, et l'administration du droit et de l'équité, le plus pur hasard. Sans cela, les rapports communs de la vie seraient envahis par des doutes et des soupçons incessants, et par ses transactions quotidiennes, sans but et hésitantes. Contre cet état de choses, l'homme est défendu par sa propre nature. Il est plus naturel de dire la vérité que de mentir. Ceux-là mêmes qui sont les moins scrupuleux en cette matière disent la vérité alors qu'ils n'ont aucune raison de faire autrement. Le mensonge spontané est signe de folie.

L'essence du mensonge réside dans l'intention de tromper et non dans les paroles prononcées. Les mots peuvent avoir un double sens ; et même si l'une des significations peut être vraie, les circonstances ou la manière d'énonciation peuvent être telles qu'elles imposent inévitablement la fausse signification à l'auditeur. Une partie de la vérité peut être dite de manière à donner une impression totalement fausse. Un fait peut être énoncé dans le but exprès d'induire l'auditeur en erreur sur un autre fait. Les regards ou les gestes peuvent être conçus dans le but de communiquer ou de confirmer un mensonge. Acquiescer silencieusement à un mensonge connu n'est peut-être pas moins criminel que son énoncé direct.

Mais n'a-t-on pas le droit de cacher des faits qu'un autre n'a pas le droit de connaître ? Dans un tel cas, la dissimulation est sans aucun doute un droit ; mais le mensonge, ou l'équivoque, ou la vérité qui donne une fausse impression, n'est pas un droit. Cette question n'est pas rare à propos des publications anonymes. Il serait peut-être légitime de se demander si l'écriture anonyme n'est pas dans tous les cas répréhensible, car un sentiment de responsabilité personnelle à l'égard des déclarations faites au public garantirait un respect plus uniforme de la vérité et de la justice, ainsi qu'un plus grand soin. dans la vérification des faits et une délibération plus mûre dans la formation des jugements et des opinions. Mais si l'écriture anonyme est justifiée, l'écrivain est autorisé à garder son secret en employant un copiste, ou en le transmettant secrètement à la presse, ou en évitant les particularités de style qui pourraient le trahir. Mais si, malgré ces précautions, la paternité est suspectée et imputée à lui, nous ne pouvons admettre son droit de nier, que ce soit expressément ou implicitement, ou même par l'énonciation d'un fait trompeur. Il a assumé la paternité avec le risque d'être découvert ; il n'avait pas le droit de donner de la publicité à ce dont il a besoin d'avoir honte ; et s'il y a des raisons secondaires, quoique graves, pour lesquelles il préférerait rester inconnu, elles ne sauraient suffire à le justifier dans le mensonge.

Faut-il dire la vérité à un fou , alors qu'elle peut être dangereuse pour lui ou pour autrui ? Ne peut-il pas être trompé à son profit, attiré dans un lieu de détention sûr, ou dissuadé par des mensonges de commettre un acte de violence projeté ? Ceux qui ont la tutelle des aliénés sont unanimes dans l'opinion que le mensonge, lorsqu'il est découvert par eux, est toujours accompagné de conséquences préjudiciables, et qu'il ne faut y recourir que lorsque cela est impérativement requis pour leur sécurité immédiate ou pour celle d'autrui. Mais dans de tels cas, le moraliste le plus sévère ne saurait nier la nécessité, et donc le droit, du mensonge. Mais ce serait un mensonge dans la forme, et non dans les faits. Dire la vérité implique deux parties conscientes. L'affirmation dont un aliéné tirera de fausses conclusions et qui le conduira à un acte ou à un paroxysme de folie n'est pas pour lui la vérité. La déclaration qui est indispensable à sa sécurité, à son repos ou à sa conduite raisonnable est virtuellement vraie pour lui, dans la mesure où elle transmet des impressions aussi conformes à la vérité qu'il est capable de recevoir.

Le mensonge est-il justifiable pour la sécurité de sa propre vie ou de celle des autres ? Il s'agit d'une question vaste qui recouvre une très grande diversité de cas. Cela inclut les cas dans lesquels l'alternative est de nier ses convictions politiques ou religieuses, ou de souffrir la mort pour les avoir professés. Mais ici, il ne peut y avoir aucune divergence d'opinions. La liberté politique et la vérité religieuse ont été, dans le passé, propagées plus efficacement par les martyres que par tout autre instrument ; et aucun homme n'a autant mérité la gratitude et le respect de sa race que ceux qui ont tenu la vérité plus chère que la vie.

Mais la forme que prend habituellement la question est la suivante : **si, grâce à de fausses informations, je peux empêcher la commission d'un crime atroce, suis-je justifié dans mon mensonge ?** Il faut d'abord dire que ce n'est guère une question pratique. Il ne s'est probablement jamais présenté à quiconque sous les yeux de qui ces pages tomberaient, ni en aucun cas à sa connaissance. La discussion familière de cas aussi extrêmes ne peut pas non plus être d'un quelconque bénéfice. D'un autre côté, celui qui se familiarise avec l'idée que, dans un tel stress de circonstances, ce qui était mal par ailleurs devient juste, sera enclin à appliquer un raisonnement similaire à une exigence un peu moins urgente, et donc à tout cas dans lequel un grand bien apparent apparaît. pourrait résulter d'un écart par rapport à la stricte véracité. Il vaut bien mieux faire de la vérité littérale la loi invariable de la vie, puis avoir l'assurance que, si un cas extrême se présentait, les exigences du moment suggéreraient la voie à suivre. Pourtant, du point de vue éthique, le mensonge d'une personne consciente d'elle-même à une autre ne peut être justifié ; mais on peut concevoir des circonstances dans lesquelles elle pourrait être atténuée. Il n'y a pas de degrés de droit ; mais il peut y avoir une infinité de degrés de tort. Une ligne droite ne peut pas être plus droite qu'une autre ; mais nous pouvons concevoir une courbe ou une ligne ondulante qui n'aura qu'une divergence infinitésimale par rapport à une ligne droite. Ainsi, en morale, il peut y avoir un tort infinitésimal, un acte qui ne peut être déclaré juste, mais qui s'écarte si peu du droit que la conscience n'en contracterait aucune tache appréciable, que l'homme ne pourrait pas le condamner et que nous ne pouvons concevoir de son enregistrement contre l'âme à la chancellerie du ciel. Tel peut être le jugement qui s'attacherait à juste titre à un mensonge par lequel un crime atroce a été empêché.

* * * * *

Les promesses appartiennent à la catégorie de la véracité pour une double raison, dans la mesure où elles exigent, dans leur déclaration véridique d'un dessein sincère, et dans leur exécution, une égale loyauté envers la vérité, même si cela implique des inconvénients, des coûts ou des pertes. Les mots d'une promesse peuvent souvent porter plus d'une interprétation ; mais la véracité exige évidemment que le promettant tienne sa promesse dans le sens dans lequel il supposait qu'elle était comprise par celui à qui elle était faite.

Il existe **des cas dans lesquels une promesse ne doit pas être tenue.** La promesse d'accomplir un acte immoral est nulle dès le départ. C'est une erreur de le faire, et c'est une double erreur de le conserver. La promesse d'accomplir un acte, non pas intrinsèquement immoral, mais illégal, doit être considérée sous le même angle. Si les deux parties étaient conscientes, au moment de la promesse, de l'illégalité de l'acte, aucune des parties n'a le droit de se considérer lésée par l'autre. Mais si le promettant était conscient de l'illicéité de sa promesse, alors que le promis la croyait licite, le promettant, bien que non lié par sa promesse, est tenu de rémunérer le promis pour sa déception ou sa perte. Si l'acte promis devient illégal entre la confection et l'exécution de la promesse, la promesse est annulée et le promis n'a aucun motif de plainte contre le promettant. Ainsi, si un homme promettait d'envoyer à un correspondant des marchandises d'une certaine description à un certain moment, et qu'avant ce moment l'exportation de ces marchandises était interdite par la loi, il serait libre à la fois de sa promesse et de toute responsabilité pour son non-respect. accomplissement.

Une promesse qui n'est ni immorale ni illégale, mais faite en vertu d'une erreur commune aux deux parties et qui, si elle avait été connue, aurait empêché la promesse, est nulle. Une promesse extorquée d'accomplir un acte immoral ou illégal ne peut être contraignante. On n'a, en effet, aucun droit moral de faire une telle promesse, même si, si le cas est extrêmement urgent et périlleux, des circonstances atténuantes peuvent réduire le mal à une déviation infinitésimale du bien ; mais, une fois la contrainte passée, aucune considération ne peut justifier l'accomplissement de ce qu'il était mal de promettre. Mais une promesse, qui n'est pas en soi immorale ou illégale, est contraignante, même si elle est faite sous la contrainte. Ainsi, si un homme attaqué par des bandits a eu la vie sauve moyennant une rançon pécuniaire, il est tenu de payer la rançon ; car au moment du péril, il pensait que sa vie valait tout ce qu'il avait promis de donner en échange, et il n'est ni immoral ni illégal de donner de l'argent, même à un voleur. Dans un cas comme celui-ci, le souci de la sécurité des autres devrait également avoir du poids ; car dans un pays exposé à de tels périls, la violation d'une promesse par un seul homme pourrait coûter la vie à plusieurs à la communauté.

Les contrats sont des promesses mutuelles dans lesquelles chaque partie s'impose des obligations spécifiques envers l'autre. Ils doivent être interprétés selon les mêmes principes, et être considérés comme nuls ou annulables pour les mêmes motifs, avec promesses.

Un serment est une invocation de la protection et de la bénédiction de Dieu, ou de son indignation et de sa malédiction, sur la personne qui jure, selon que son affirmation est vraie ou fausse, ou selon que sa promesse sera observée ou violée. « Alors, Dieu vous aide », la forme couramment utilisée dans ce pays, exprime l'idée qui sous-tend un serment, *ce qui* est bien sûr le mot emphatique. Des serments sont exigés des témoins devant les tribunaux pour confirmer leur témoignage, et des titulaires de charges publiques pour garantir leur fidélité. Ils sont également exigés pour l'attestation des factures, les inventaires de successions, les déclarations de biens imposables et divers états financiers et statistiques établis sous l'autorité publique. Il existe également un grand nombre de personnes et d'occasions pour lesquelles un serment d'allégeance au gouvernement de l'État ou de la nation est exigé.

Un serment ne renforce pas l'obligation de dire la vérité ou de tenir sa promesse. Cette obligation est entière et parfaite dans tous les cas, sur la base de l'aptitude intrinsèque et de la volonté et du commandement connus de

Dieu. Mais la tendance des serments est d'établir dans l'esprit des hommes deux classes d'affirmations et de promesses, l'une plus sacrée que l'autre. Celui qui est tenu, sous la sanction solennelle d'un serment, simplement de dire la vérité ou de faire une promesse de bonne foi, arrive naturellement à la conclusion qu'il est tenu à une exactitude ou une fidélité moins rigide dans les déclarations ou promesses ordinaires. La loi du pays, comme nous l'avons vu, joue un rôle important dans l'éducation éthique de la jeunesse ; et grâce à la distinction juridique créée entre les affirmations ou promesses sous serment et celles faites sans cette sanction, les enfants et les jeunes sont formés à considérer le simple fait de dire la vérité et de tenir ses promesses comme une obligation secondaire. Cet effet des serments légaux est attesté par la prévalence des jurons profanes et par l'usage fréquent de formes d'affirmation semblables à des serments, non considérées comme profanes, par des personnes d'un caractère plus sérieux. Sauf dans les sectes religieuses qui abjurent l'usage du serment, neuf personnes sur dix jurent plus ou moins et confirment spontanément des déclarations le moins étranges ou difficiles à croire, ou des promesses auxquelles elles veulent donner un air de sincérité. et sérieux, par les serments les plus forts qu'ils osent prononcer. Cela vient d'une nécessité ressentie, qui existera aussi longtemps qu'une sainteté prééminente sera attachée aux serments légaux.

Les serments sont notoirement inefficaces pour garantir la vérité et la fidélité. En ce qui concerne leur influence éducative, ils tendent, comme nous l'avons vu, à saper le respect de la vérité en elle-même, qui est la plus sûre sauvegarde de la véracité individuelle. De plus, dans la mesure où l'on s'appuie sur un serment, l'attention des intéressés est dirigée avec moins d'attention vers le caractère de véracité de celui à qui le serment est prêté. En fait, les hommes jurent faussement chaque fois et partout où ils seraient prêts à proférer un mensonge sans prêter serment. Dans les tribunaux, les peines et les peines du parjure empêchent sans aucun doute beaucoup de faux serments ; mais précisément les mêmes sanctions sont attachées à l'affirmation de personnes qui, en raison de scrupules religieux, sont dispensées de jurer, et elles ne sont certainement pas trop sévères pour un faux témoignage, de quelque manière qu'il soit donné. Cependant, malgré cet échec, il est bien connu que devant un tribunal corrompu ou incompétent, un avocat sans principes n'éprouve jamais de difficulté à acheter un faux témoignage ; et même là où la justice est honnêtement et habilement rendue, il n'est pas rare de rencontrer entre des témoins également crédibles des contradictions si flagrantes et inconciliables qu'elles ne laissent place à aucune hypothèse autre que le parjure d'un côté ou des deux. Le parjure dans les transactions avec le revenu national et avec les évaluateurs municipaux n'est en aucun cas sans précédent parmi les personnes de haute réputation générale. De tels faux serments sont, en effet, assez souvent précédés d'un formalisme fictif, tel qu'un transfert irréel et temporaire de propriété ; mais cela n'est pas fait pour échapper à la culpabilité du parjure, mais, en cas de détection, pour ouvrir une échappatoire technique à sa sanction légale. Les serments sur promesse sont également de peu de valeur. Il n'existe pas un seul fonctionnaire, depuis le président des États-Unis jusqu'au gendarme du village, qui ne prête ce qui est censé être un serment solennel (bien que souvent prêté avec une légèreté indécente) d'être fidèle à la constitution du pays ou de l'État. et fidèle dans l'exercice de ses fonctions officielles. Mais quel effet a cette quantité de jurons, si ce n'est de faire du parjure un délit si familier qu'il n'est plus considéré comme honteux ? Pas un pot-de-vin n'est accepté par un membre du Congrès, pas un contrat obtenu subrepticement par un fonctionnaire municipal, pas une nomination faite au détriment notoire du public pour des raisons personnelles ou partisanes, sans la commission d'un crime, en théorie transcendantalement odieux, dans la pratique, ils sont constamment tolérés et ignorés. Nous ne pouvons pas non plus nous tromper en considérant le sacrilège et le blasphème virtuel résultant de l'institution des serments judiciaires, d'affirmation et de promesse, comme n'occupant aucune place secondaire parmi les causes du déclin moral et de la corruption dont nous sommes témoins si manifestement.

Pour celui qui ne tient pas compte de ses propres conclusions en matière d'interprétation du Nouveau Testament, il ne peut guère paraître autrement que certain que le fondateur du christianisme avait l'intention d'interdire tous les serments. Son précepte « Ne jurez pas du tout » apparaît dans une série de maximes tirées de la morale standard de son époque, sous chacune desquelles il met de côté la règle éthique existante et lui substitue une autre couvrant exactement le même terrain : et conforme au droit intrinsèque tel que représenté dans son propre esprit et sa vie. « Vous avez entendu qu'il a été dit : Œil pour œil, et dent pour dent ; mais je vous le dis, ne résistez pas au mal. « Vous avez entendu qu'il a été dit : Tu aimeras ton prochain et tu haïras ton ennemi ; mais moi, je vous le dis : aimez vos ennemis. L'analogie de ces déclarations et d'autres de la même série nous oblige à croire que lorsque Jésus a dit : « Vous avez entendu dire qu'il a été dit par les anciens : Tu ne te parjureras pas, mais tu accompliras tes serments envers le Seigneur, » Le précepte qui suivit : « Je vous le dis : ne jure pas du tout », devait s'appliquer au même sujet avec la maxime qui le précède, à savoir que Jésus devait avoir eu l'intention de interdire quelque chose qui avait été précédemment permis. Si tel est le cas, ce ne sont pas seulement des serments insignifiants ou profanes, mais des serments faits de bonne foi et avec la solennité qui leur est due, qui doivent avoir été inclus dans le précepte « Ne jurez pas du tout ». [13] Il est historiquement certain que les chrétiens primitifs comprenaient ainsi le précepte évangélique. Non seulement ils refusèrent les formes idolâtres habituelles d'adjuration, mais ils affirmèrent que tous les serments avaient été interdits par leur divin législateur ; nous n'avons aucune preuve non plus qu'ils se soient éloignés de cette position, jusqu'à cette étrange fusion de l'Église et de l'État sous Constantin, dans laquelle il est difficile de dire si le christianisme monta sur le trône des Césars ou succomba à leur domination.

Section IV.

Honnêteté.

L'honnêteté concerne les transactions dans lesquelles de l'argent ou d'autres biens sont concernés. Dans son sens le plus large, il interdit non seulement la violation des droits des individus, mais également les actes et pratiques visant à obtenir une rémunération injuste aux dépens de la communauté, ou de toute classe ou partie de ses membres. Il enjoint non seulement le paiement des dettes et l'exécution des contrats, mais aussi une stricte fidélité dans toute fiducie, qu'elle soit privée ou publique. Son fondement est la condition physique intrinsèque ; et le sentiment d'aptitude en suggérera les règles générales et permettra toujours à chacun de déterminer son devoir dans des cas particuliers. Tout son champ peut être couvert par deux préceptes, au niveau de l'entendement le plus humble, et infaillibles dans leur application. La première concerne les transactions entre homme et homme : faites cela, et seulement cela, que vous considéreriez comme juste et juste, si cela vous était fait. La seconde englobe les préoccupations qui affectent un certain nombre ou des catégories de personnes : faites cela, et seulement cela, que, si vous étiez l'administrateur responsable et le gardien du bien public, vous prescririez ou sanctionneriez comme juste et juste.

Malgré l'augmentation incontestable de la malhonnêteté ces derniers temps et sa fréquence désastreuse, il ne fait aucun doute que **la majorité des hommes sont honnêtes** et que les transactions dans lesquelles il n'y a ni tromperie ni erreur sont largement plus nombreuses que celles qui sont frauduleuses. S'il n'en était pas ainsi, il ne pourrait y avoir ni confiance ni crédit, l'entreprise serait paralysée, les affaires seraient réduites aux exigences les plus basses de la nécessité absolue, et chaque homme serait le seul gardien de ce qu'il pourrait faire, produire ou de quelque manière que ce soit. acquérir. Il ne peut donc y avoir d'élément plus directement hostile à la permanence, pour ne pas dire au progrès, de la civilisation matérielle et des intérêts supérieurs qui en dépendent, que la fraude, la spéculation et l'abus de confiance dans les affaires pécuniaires et commerciales. , et en référence aux fonds et mesures publics. Il existe pourtant des méthodes, dont les hommes honnêtes sont dans une large mesure responsables, et par lesquelles la malhonnêteté est créée, nourrie et récompensée. Dans la vie politique, si peu de responsables sont inaccessibles aux pots-de-vin, ce n'est pas parce que des hommes d'une intégrité imprenable ne pourraient pas, comme autrefois, être trouvés en nombre suffisant pour tous les postes de confiance ; mais parce que les compromis, les humiliations et les concessions grâce auxquelles, seuls, dans nombre de nos circonscriptions, on peut devenir candidat d'un parti, sont tels qu'un honnête homme soit les rejetterait au début, soit qu'il ne pourrait les supporter qu'en se renonçant à son honnêteté. . Tant que les hommes persisteront à élire dans les fiducies municipales ceux dont la seule qualification est une loyauté aveugle et un service sans scrupules à un parti, ils ne pourront s'attendre qu'au vol sous forme d'impôts ; et, en fait, les révélations financières qui ont été faites dans la métropole commerciale de notre pays sont typiques de ce qui se passe, autant que l'occasion s'en présente, dans les villes, les villages et les villages de tout le pays. En ce qui concerne les détournements de fonds, les faux et les fraudes dans la gestion des fiducies pécuniaires, il ne fait aucun doute que leur nombre est grandement multiplié par la sympathie morbide du public pour les criminels, par leur évasion fréquente de la punition ou par leur prompt pardon après condamnation, et par la facilité avec laquelle ils ont souvent retrouvé leur position sociale et les moyens de la conserver.

En plus de cette complicité avec la fraude et les erreurs du public, **la malhonnêteté engendre** , voire nécessite, **la malhonnêteté de nombreuses manières** . Une branche d'activité, honnête en elle-même, peut être virtuellement fermée à un honnête homme. Les falsifications alimentaires, si effroyablement répandues, suggèrent une illustration de ce point. Il existe des marchandises dans lesquelles le mélange d'ingrédients moins chers ne peut pas être détecté par l'acheteur et qui, sous leur forme dégradée, peuvent être offertes à un prix si bas qu'elles chassent du marché les marchandises authentiques qu'elles remplacent ; et ainsi l'alternative se présente au commerçant jusqu'ici honnête : participer à la fraude, ou quitter l'entreprise. La première solution est sans aucun doute adoptée par beaucoup de gens qui regrettent sincèrement cette apparente nécessité.

La malhonnêteté non seulement nuit à la victime immédiate par la fraude ou le tort, mais, lorsqu'elle devient fréquente, elle **constitue un préjudice** et une calamité publique. D'une manière ou d'une autre, cela soustrait à l'usage de tout honnête homme une très grande proportion de ses gains ou de ses revenus. Dans ce pays, à l'heure actuelle, nous sommes probablement loin de la vérité en affirmant qu'au moins un tiers du revenu de chaque citoyen est payé sous forme d'impôts directs ou indirects, et sur ce montant un pourcentage beaucoup plus élevé que ne le ferait il est facile de croire qu'il est pillé alors qu'il entre dans le trésor ou lors de son déboursement. Ensuite, en ce qui concerne les créances irrécouvrables (dites créances), la plupart contractées ou éludées frauduleusement, elles ne constituent pas, en général, une perte pour le créancier immédiat, et elles ne devraient pas l'être ; il est obligé d'exiger pour ses marchandises un prix qui couvrira ces dettes, et les acheteurs honnêtes doivent ainsi payer les cotisations de l'acheteur insolvable. Il ne s'agit pas non plus d'un cas isolé dans lequel des personnes innocentes sont obligées de souffrir pour des torts avec lesquels elles ne semblent avoir aucun lien nécessaire. Il y a très peu d'exceptions à la règle, sous lesquelles il ne nous reste cependant qu'un exemple de plus. C'est un fait bien connu que de nombreux chemins de fer américains ont non seulement coûté beaucoup plus d'argent qu'on n'en a jamais dépensé, mais sont amenés, en gardant le compte de construction longtemps et généreusement ouvert, à représenter dans les livres des sociétés respectives des sommes beaucoup plus élevées qu'elles ne coûtent, surtout dans les cas où l'entreprise est lucrative et les dividendes sont limités par la loi.

Or, dans certaines régions de notre pays, une transaction de ce genre, essentiellement frauduleuse, sous des auspices aussi respectables soient-ils, constitue un frein désastreux à l'industrie productive par les lourds tarifs de fret qu'elle impose, si lourds parfois qu'ils retiennent des marchandises volumineuses, comme le blé. et le maïs, hors des marchés où, à un coût de transport équitable, ils pourraient trouver une vente rémunératrice. Ainsi, les moyens mêmes conçus pour ouvrir les ressources d'une région d'un pays peuvent être abusés au point de les entraver et de les gêner. En fin de compte, la malhonnêteté sous toutes ses formes a un pouvoir diffus de préjudice et, pour le simple motif de légitime défense, exige les remontrances et l'antagonisme de la communauté entière.

Alors que dans la plupart des domaines de la conduite, il existe un large **terrain neutre entre le bien et le mal condamnable** , il est des questions d'affaires dans lesquelles il ne semble pas y avoir de territoire intermédiaire, mais dans lesquelles ce qui est juste, honorable et même nécessaire est pris en compte. étroitement contigu à la malhonnêteté. Ainsi, sauf dans le commerce de détail le plus simple, tout commerce moderne est de la spéculation, et la frontière entre la spéculation légitime et la spéculation malhonnête est, pour certains esprits, difficile à discerner. Pourtant, la discrimination peut être faite. Un homme a droit à tout ce qu'il gagne en rendant service à la communauté, et ces gains peuvent, dans certains cas, atteindre une somme immense. Nous pouvons facilement comprendre comment cela peut être, et même cela doit être le cas avec les salaires très élevés versés aux maîtres fabricants. De tels salaires ne seraient pas payés, si l'intelligence, l'habileté et la capacité d'organisation de ces hommes ne dévalorisaient pas encore plus les marchandises fabriquées sous leur direction. Le cas est précisément similaire à celui du commerçant engagé dans un commerce légitime. Par sa connaissance des bons moments et des meilleurs modes d'achat, par son esprit d'entreprise et sa sagacité dans le maintien des relations avec et entre des marchés éloignés, et par ses dépenses en capitaux et ses compétences en tant que transporteur de marchandises du lieu de leur production jusqu'au lieu où ils sont nécessaires à l'usage, il déprécie les marchandises qui passent entre ses mains d'un montant plus élevé que le péage qu'il prélève sur elles, qui, si élevé soit-il, est son dû légitime.

Ainsi également, lorsque, en prévision de la pénurie d'une marchandise, un commerçant augmente le prix de manière à diminuer essentiellement la vente, **il gagne un profit accru** ; car un prix majoré est le seul contrôle possible de la consommation. Par exemple, si, au rythme actuel de la consommation, le pain disponible était consommé un mois avant que la nouvelle récolte puisse avoir lieu, aucune statistique ne pourrait empêcher le mois de famine ; mais les marchands de grains expérimentés peuvent ajuster le prix du stock en main de manière à provoquer précisément le montant d'économie qui permettra à ce stock de durer jusqu'à ce qu'il puisse être remplacé. Ils obtiendront en effet un gros bénéfice sur leurs ventes, et seront accusés par des ignorants de spéculer sur la rareté et l'appréhension populaire ; mais ce sera entièrement dû à leur prescience que la pénurie ne se soit pas transformée en famine et en appréhension en souffrance ; et ils auront mérité pour ce service plus que les plus grands profits qui peuvent leur revenir.

Les mêmes principes s'appliqueront à **la spéculation sur les actions** , qui est dans beaucoup d'esprits assimilée à un gain malhonnête. Les actions sont des marchandises négociables, au même titre que le sucre et le sel. Ils sont sujets à des fluctuations légitimes de valeur, leur valeur réelle étant affectée, souvent par des faits qui surviennent, souvent par des opinions qui reposent sur des motifs attribuables. Or, si un homme possède suffisamment d'habileté et de prévoyance pour acheter des actions à leurs taux les plus bas et les revendre au moment où elles lui rapporteront un profit, il investit tout à fait légitimement son intelligence et sa sagacité, et en facilitant les ventes à ceux qui ont besoin de vendre. et des achats pour ceux qui veulent acheter, et empêchant ainsi le capital de rester inutilisé ou de rester inconvertible au besoin, il gagne tout ce que son commerce lui rapporte par les services substantiels qu'il rend.

L'activité légitime du commerçant et du courtier dépend, comme nous l'avons vu, des fluctuations du marché , et celui qui a la sagacité de prévoir ces fluctuations et l'entreprise de s'y préparer, en tire un avantage dont il est raisonnablement propriétaire. intitulé. Mais c'est précisément sur ce point que réside l'accent de la tentation, et l'occasion se présente à la malhonnêteté d'une manière dont les lois ne tiennent pas compte et à l'égard de laquelle l'opinion publique n'est en aucun cas sévère. Les contingences que la sagacité peut prévoir, le capital et le crédit peuvent souvent les créer. La rareté virtuelle peut être produite par la prévention et le monopole. Lorsqu'il n'y a pas de pénurie réelle, même les prix de famine peuvent être obtenus pour les produits de première nécessité grâce à une manipulation habile du marché des céréales. De même, sur le marché boursier, les obligations et les actions, au lieu d'être achetées ou vendues pour ce qu'elles valent, aux propriétaires réels et aux acheteurs réels, peuvent être simplement mises au jeu, achetées en grandes quantités afin de créer une demande. cela gonflera leur prix, ou sera mis sur le marché de manière à réduire leur prix au-dessous de leur valeur réelle, et tout cela dans le seul but de se contrarier et de se déconcerter mutuellement. Par des opérations de ce genre, non seulement aucun but utile n'est atteint, mais les intérêts financiers et les relations de la communauté sont perturbés de manière préjudiciable, souvent ruineuse ; tandis que bon nombre de détenteurs privés d'actions voient leur crédit essentiellement altéré par une chute soudaine des prix, ou par l'inflation de la valeur nominale, sont poussés à des spéculations téméraires.

Dans les cas cités, on peut voir à quel point **le bien se rapproche du mal** , de sorte que l'on peut dépasser la limite presque inconsciemment. Pourtant, on pense qu'un homme peut déterminer lui-même à quel côté de la ligne il appartient. Le département des affaires, ou la manière de traiter les affaires, qui ne peut en aucun cas être bénéfique à la communauté, et plus encore, ce qui dans son cours général est de tendance positivement préjudiciable, est essentiellement malhonnête, même s'il n'y a pas d'actes individuels. de fraude. Il escroque réellement le public qui vit de lui sans rendre, ni avoir l'intention de rendre aucun retour valable ; et s'il existe une profession ou un département d'affaires auquel cette description s'applique, il devrait être évité ou abandonné par tout homme qui veut être honnête.

Parmi les nombreux cas évoqués où se pose la question de l'honnêteté, les limites que nous proposons nous permettront de considérer uniquement celui de l'usure [14] (dite). Il ne fait aucun doute que les lois sur l'usure et l'opinion qui les soutient sont issues de la fausse théorie selon laquelle l'argent n'était pas considéré comme une valeur, mais simplement comme une mesure de la valeur. On comprend désormais qu'elle ne doit sa capacité à mesurer la valeur qu'à sa propre valeur intrinsèque ; que ses représentants papier ne peuvent l'égaler en pouvoir d'achat que s'ils sont convertibles à volonté en monnaie ; et que le papier non immédiatement convertible ne peut acquérir le caractère de monnaie que dans la mesure où il existe une promesse ou un espoir de sa conversion finale en monnaie. Il s'ensuit que l'argent est sur le même pied que toutes les autres valeurs, et que son usage est donc une marchandise marchande, dont le prix varie indéfiniment, selon que l'argent est abondant ou rare, le prêt pour une longue ou une courte période. , et l'emprunteur d'une solvabilité plus ou moins certaine. Pour les prêts ordinaires, les rapports de l'offre et de la demande sont amplement compétents pour réguler le taux de l'intérêt, tandis que celui qui encourt un risque extrêmement dangereux gagne équitablement un taux d'indemnisation proportionnellement élevé. Il n'y a donc aucun mal intrinsèque à obtenir pour l'usage de son argent tout ce qu'il vaut ; et bien que nous ne puissions justifier la violation de lois qui ne sont pas absolument immorales, la malhonnêteté ne fait pas partie du délit de l'homme qui prend plus qu'un intérêt légal. [15]

Section V.

Bienfaisance.

Nous avons une conscience distincte des besoins des êtres humains. Si nous n'avons pas souffert de la misère dans notre propre personne, nous devrions néanmoins la désapprouver. Ce que nous devrions craindre, les autres le ressentent. Les choses que nous trouvons ou considérons essentielles à notre bien-être, beaucoup manquent. Il se peut que nous les possédions ou que nous ayons les moyens de nous les procurer, au-delà de notre pouvoir d'usage personnel. Cette plus grande part des biens matériels nous est parvenue, en effet, honnêtement, par l'effet de lois inhérentes à la structure de la société, et donc, comme nous le croyons, par décision divine. En même temps, nous sommes plus ou moins conscients des affections bienveillantes. Nous sommes émus de pitié par la vue ou la connaissance du besoin ou de la souffrance. Notre sens de la forme physique est douloureusement perturbé par l'existence de besoins non satisfaits, de calamités non soulagées. Nous ne pouvons qu'être conscients de l'adaptation à des usages bénéfiques du superflu de biens matériels que nous possédons ; et il est difficilement possible que nous ne nous reposions pas sur la croyance que, dans l'ordre inévitable de la société, la conception et le but prédéterminés de l'abondance sont de combler le déficit, de la capacité de service, de répondre aux demandes toujours pressantes de service. . La bienfaisance est donc un devoir fondé sur des considérations d'aptitude intrinsèque.

Mais **la bienfaisance doit être réelle** et non simplement **formelle** . Certains des modes de ravitaillement ou de secours les plus faciles et les plus évidents sont adaptés pour perpétuer les maux mêmes qu'ils combattent, soit en détruisant le respect de soi, en décourageant l'auto-assistance, ou en accordant l'immunité contre des habitudes positivement vicieuses. La gentillesse instinctive a tendance à donner sans discernement. Mais il peut y avoir très peu de cas où cela ne soit pas nocif. Il soutient les mendiants en tant que classe reconnue de la société ; et en tant que tels, ils sont pires qu'inutiles. Ils perdent nécessairement tout sentiment de dignité personnelle ; ils restent ignorants ou deviennent incapables de tous les modes d'industrie régulière, et il leur est impossible de former des associations qui ne soient que dégradantes et corruptrices.

Les divers modes de **secours à la charge du public sont également préjudiciables** . Ils apposent sur leurs bénéficiaires la marque indélébile du paupérisme, qui dans de nombreux cas devient héréditaire et, dans de nombreux cas, s'est transmise à travers plusieurs générations. L'expérience a montré que la guérison d'un état de dépendance est extrêmement rare, même chez les jeunes et les forts, qui, s'ils avaient été surmontés du besoin par une charité privée et judicieuse, auraient bientôt repris leur place parmi les membres autonomes. de la communauté. Les aumônes publiques, bien qu'elles soient ainsi nuisibles à ceux qui les reçoivent, imposent à la société un fardeau bien plus lourd que la charité privée. Cela est dû en partie au paupérisme permanent créé par le système, en partie au gaspillage qui caractérise les dépenses publiques de toutes sortes. Avec une autorisation spéciale de la législature nationale, l'expérience a été tentée à Glasgow, sous la direction du Dr Chalmers, consistant à substituer la munificence privée au secours du trésor public, dans l'une des paroisses territoriales les plus pauvres de la ville, englobant une population de dix personnes. mille, et le résultat fut une dépense d'un peu plus d'un tiers de ce qui avait été dépensé en vertu de l'autorisation légale. En même temps, les pauvres et les souffrants étaient tellement plus fidèlement et bienveillants qu'il y avait un débordement constant de pauvreté des autres quartiers de la ville vers celui-ci. La charité publique, lorsqu'elle est complètement systématisée, est sujette à une objection encore plus forte, que ceux qui sont capables de donner du secours, en cessant d'en ressentir la nécessité, perdent la volonté et la capacité d'un effort bienveillant. Pourtant, s'il n'y avait pas de protection publique pour les pauvres, il y aurait des cas de misère, de maladie, d'invalidité et d'imbécillité mentale, qui échapperaient à la charité privée, aussi diligente et généreuse soit-elle. Il ne faut pas oublier non plus que les mêmes causes peuvent à la fois accroître la demande d'aide bienfaisante et paralyser ses ressources.

Ainsi, lors d'un incendie, d'une inondation, d'une disette ou d'une panique commerciale, alors que la pression du besoin parmi les pauvres est considérablement intensifiée, les personnes sur la charité desquelles, dans des circonstances ordinaires, ils pourraient compter le plus sûrement, peuvent être parmi les principales victimes. Ainsi, également, pendant la prévalence des maladies infectieuses, une grande proportion de ceux qui ont l'habitude d'accomplir les fonctions de l'humanité pour ceux qui souffrent, sont retirés par leurs propres peurs, ou celles de leurs amis, de leur champ de service habituel. Il existe également diverses formes de maladies et d'infirmités qui exigent un traitement spécial ou un asile permanent ; et bien que les institutions conçues pour répondre à ces besoins soient administrées plus sagement et plus économiquement sous des auspices privés que sous des auspices publics, l'État ne devrait jamais permettre qu'elles échouent ou languissent faute de subventions de sources privées. La situation la plus désirable des choses est sans aucun doute celle, plus proche de la réalisation en France que dans tout autre pays de la chrétienté, dans laquelle le soulagement des pauvres et des souffrances dans les cas ordinaires, ainsi que la charge des institutions charitables dans une large mesure, sont laissés à l'initiative. les individus, les organisations bénévoles et les fraternités et confréries religieuses, tandis que le gouvernement complète et subventionne la charité privée lorsqu'elle s'avère insuffisante par rapport aux besoins.

Les exigences en matière de bienfaisance ne sont en aucun cas épuisées lorsque les secours et l'aide matériels ont été accordés. En effet, l'aumône est souvent donnée en guise d'achat de renonciation pour un service personnel. Mais la manifestation et l'expression de sympathie peuvent rendre le don infiniment plus précieux et plus efficace. La courtoisie, la délicatesse et la douceur sont des éléments essentiels de la bienfaisance. Il y en a très peu qui sont si abjects qu'ils ne se sentent pas insultés et dégradés par ce qui leur est accordé froidement, à contrecœur, avec mépris ou réprimande ; tandis que la tendresse réfléchie, qui n'oublie jamais la sensibilité de ceux qu'elle soulage, inspire réconfort, espoir et courage, éveille toutes les capacités d'auto-assistance, et est souvent le moyen de replacer les malheureux dans la position d'où ils sont sortis. déchu.

La bienfaisance a une portée bien plus large que le simple soulagement des pauvres et de la souffrance. Dans les rapports quotidiens de la vie, il existe d'innombrables occasions de gentillesse, dont beaucoup sont minimes, mais dans leur ensemble, d'une ampleur qui échappe à tout calcul. Il n'y a guère de transaction, d'entretien, de rencontre fortuite en bord de route, dans laquelle il n'est pas au pouvoir de chaque personne concernée de contribuer dans une mesure appréciable au bonheur ou au malaise de ceux qu'elle rencontre ainsi, ou avec qui elle est en contact. mis en relation, même passagère. Dans tous nos mouvements parmi nos semblables, il nous est possible de « faire le bien ». Ce que nous pouvons faire ainsi, nous sommes tenus de le faire. Nous percevons et sentons que cela nous convient en tant qu'êtres sociaux et mutuellement dépendants. Nous sommes conscients du bénéfice que nous procurent de petites attentions et courtoisies anonymes, souvent de simples regards, manières ou voix ; et de ces expériences nous déduisons que la possibilité, et donc le devoir de bienfaisance, s'étendent à toute notre vie sociale.

La **mesure de bienfaisance** , qui nous est prescrite par l'autorité la plus sacrée : « Tout ce que vous voudriez que les hommes vous fassent, faites-leur de même », n'a besoin que d'être déclarée pour être reçue comme authentique. Il fournit une mesure à nos attentes aussi bien qu'à nos devoirs. Nous avons le droit d'attendre d'autrui autant de courtoisie, de gentillesse, de service que, s'ils étaient à notre place et nous à la leur, nous nous sentirions tenus de leur en rendre, règle qui réduirait souvent considérablement nos attentes, et dans le même temps la même proportion atténue nos déceptions et nos griefs imaginaires.

Il existe un autre précepte scripturaire : « **Tu aimeras ton prochain comme toi-même** » , qui pourrait à première vue sembler impraticable, mais qui, comme nous le verrons en y regardant de plus près, représente non seulement un objectif possible, mais un objectif vers lequel tous ceux qui désirent sincèrement et l'amour du bien tendent. Il existe diverses conditions dans lesquelles, il est vrai, les êtres humains aiment les autres aussi bien qu'eux-mêmes, ou mieux. Que pouvons-nous dire d'autre de l'amour de la mère pour son enfant, pour le bien-être duquel elle ferait tous les sacrifices imaginables, et même, si cela était nécessaire, elle renoncerait à la vie elle-même ? N'a-t-on pas aussi parfois assisté à une dévotion filiale également entière et oubliante de soi ?

Il ne manque pas non plus d'exemples où des frères et sœurs, ou des amis qui n'avaient aucun lien de consanguinité, ont montré par des actes et des souffrances indubitables que leur amour les uns pour les autres était au moins égal à leur amour-propre. Ce même amour pour les autres comme pour lui-même se manifeste chez le patriote dévoué, le philanthrope pratique, le missionnaire chrétien. Il existe de nombreuses raisons pour cela dans la théorie de l'humanité qui fait partie de notre discours religieux habituel. Nous appelons nos semblables nos frères, comme les enfants du même Père. Dans la mesure où de telles paroles sont des sentiments et non de simples mots, il doit y avoir dans nos sentiments et dans notre conduite envers et pour nos semblables en général une bonté, une patience, un oubli de soi et un sacrifice de soi semblables à ceux dont : envers nos proches parents, nous ne nous avouerions pas incapables. Ici, il faut garder à l'esprit que les préceptes du christianisme représentent la perfection qui devrait être notre but constant et notre seul but, et non le stade d'accomplissement que nous avons conscience d'avoir atteint ou que nous pouvons atteindre avec peu d'effort.

L'amour des ennemis nous est également prescrit par Jésus-Christ. Est-ce possible? Pourquoi pas? Il y a des cas où les plus proches parents sont les pires ennemis ; et nous avons connu des exemples dans lesquels l'amour a survécu à cette épreuve la plus rude de toutes. Si l'idée chrétienne de fraternité universelle était un sentiment profond, elle ne serait pas éteinte par l'inimitié, aussi amère soit-elle. L'inimitié envers nous-mêmes n'affecte pas nécessairement notre estimation de nos mérites ou de nos prétentions réels. Si nous ne devrions pas avoir une mauvaise opinion d'un homme parce qu'il était l'ennemi de quelqu'un d'autre, pourquoi devrions-nous avoir une mauvaise opinion de lui parce qu'il est notre ennemi ? Il s'est peut-être trompé sur notre caractère et nos dispositions ; et si oui, est-il plus coupable de cette erreur que de toute autre erreur ? Ou si, d'un autre côté, il a une raison sérieuse de ne pas nous aimer, nous devrions soit supprimer cette cause, soit nous soumettre à cette aversion sans nous sentir lésés. En tout cas, nous pouvons obéir au précepte : « Faites du bien à ceux qui vous haïssent » ; et c'est la seule manière, et une manière presque infaillible, par laquelle l'inimitié peut être surmontée et remplacée par des relations de bonté et d'amitié mutuelles.

Chapitre XI.

Courage; Ou devoirs en référence aux maux et aux souffrances inévitables.

Il y a, dans presque toute expérience humaine prolongée, **des privations et des souffrances à endurer, des déceptions à subir, des obstacles et des difficultés à surmonter et à surmonter** . Quelle que soit la source de ces éléments d'expérience, même si c'est un hasard aveugle ou *le destin* (qui dénote l' *expression* ou le décret d'un pouvoir arbitraire et irresponsable), l'homme fort se préparera à les supporter ; le sage façonnera sa conduite d'après eux ; l'homme à l'âme élevée s'élèvera au-dessus d'eux. Mais l'humeur dans laquelle ils seront supportés, cédés ou surmontés doit dépendre de la croyance les concernant. S'ils sont considérés comme de véritables maux, ils seront probablement endurés avec maussade, ou soumis avec défi et mépris, ou surmontés avec orgueil et auto-inflation. Même dans les écrits des stoïciens ultérieurs, qui regorgent de préceptes édifiants sur la force d'âme et le courage à l'épreuve, il y a une nuance de défi, comme si celui qui souffre était aux prises avec une force hostile, et une tendance constante à exalter et presque diviniser l'énergie. d'âme dont l'homme bon fait preuve en combattant un destin difficile. Si, d'un autre côté, les maux physiques sont considérés comme des rendez-vous sages et bienveillants de l'amour et de la paternité divins, l'esprit dans lequel ils sont supportés et combattus est caractérisé par la tendresse, la douceur, l'humilité, la confiance et l'espérance. Il est instructif à cet égard de lire alternativement les stoïciens et saint Paul, et de comparer leur résignation magnanime, mais sombre et sévère, avec le ton jubilatoire avec lequel, cent fois et avec une grande variété de paroles joyeuses, il » répète le sentiment contenu dans ces mots : « Comme triste, mais toujours joyeux. » Comme notre théorie chrétienne est la nôtre sur les (soi-disant) maux de la vie humaine, nous la reconnaîtrons dans notre traitement des diverses vertus comprises sous le titre général de Force.

Section I.

Patience. [16]

La patience ne nous incombe que face à des souffrances ou des difficultés inévitables, ou face à celles qui sont encourues dans l'accomplissement d'un devoir manifeste, ou pour le bénéfice de nos semblables. Des souffrances ou des privations inutiles que nous sommes tenus d'éviter ou d'échapper, de ne pas supporter. La prudence et la prévoyance par lesquelles on peut les éluder tiennent une place essentielle parmi les devoirs de prudence. La raison ou la religion n'autorisent pas non plus les fardeaux ou les difficultés de quelque sorte que ce soit, que ce soit en pénitence pour une mauvaise action, comme moyen d'acheter la faveur divine ou comme mode de discipline spirituelle.

La patience implique **la sérénité, la gaieté et l'espoir** , malgré les fardeaux et les épreuves. Il faut la distinguer de l'apathie, qui est un tempérament et non une vertu. Il y a des personnes dont la sensibilité est si atone qu'elles sont incapables de souffrance aiguë et de chagrin profond et durable. Nous pouvons difficilement appeler cela un tempérament désirable ; car sa capacité de jouissance est également défectueuse, et comme il y a plus de bonheur que de malheur dans presque toutes les vies, celui dont la susceptibilité à la fois à la douleur et au plaisir est rapide et forte en est, dans l'ensemble, le gagnant. La sérénité de la patience requiert une maîtrise de soi vigoureuse. Il est essentiel, avant tout, de contrôler et, dans la mesure du possible, de supprimer les signes extérieurs de douleur et de chagrin. Comme tous les modes d'expression, ils approfondissent le sentiment qu'ils expriment ; tandis qu'une attitude ferme et autonome améliore le courage qu'elle indique. Un contrôle doit également être exercé sur les pensées, afin qu'elles soient extraites de l'expérience douloureuse et employées sur des thèmes qui les rempliront et les occuperont. L'industrie mentale est le meilleur soulagement que la simple philosophie puisse apporter à la douleur et au chagrin ; et bien que ce ne soit certainement pas un remède, il ne manque jamais d'être utile comme palliatif. Même lorsque la détresse physique ou l'infirmité rendent impossible une pensée continue, l'effort de mémorisation ou l'emploi de l'esprit dans des domaines trop insignifiants pour son exercice en bonne santé, peuvent soulager la lassitude et alléger le stress de la souffrance. Que des dispositifs de ce genre ne soient pas non plus jugés indignes d'une place même parmi les devoirs ; car ils sont souvent des moyens essentiels pour parvenir à des fins de haute importance. Ils affirment et maintiennent la légitime suprématie de l'esprit sur le corps ; ils remplacent cette réflexion morbide sur des expériences douloureuses qui engendrent soit la mélancolie, soit la querosité ; et ils laissent dans la nature morale une entrée libre à toutes les influences apaisantes et élévatrices.

La gaieté dans l'endurance de la douleur et des épreuves doit résulter en grande partie de la croyance. Si je me considère comme irrésistiblement soumis à une Nature automatique, dont les roues peuvent m'écraser ou m'écraser à tout moment, je ne sais pas pourquoi ni comment je pourrais être joyeux, même dans une santé ou une prospérité aussi précaire qu'elle pourrait m'arriver ; et il ne pouvait certainement y avoir aucun aspect rassurant à ma fortune défavorable. Mais si je crois que sous une Providence paternelle, il ne peut y avoir aucune souffrance sans son ministère de miséricorde, aucune perte sans son plus grand gain à ma portée et dans mes efforts, aucune difficulté sans son bénéfice réflexe en termes de croissance intérieure et d'énergie, alors je peux prendre et supporter les fardeaux inévitables de cette vie terrestre dans le même esprit dans lequel j'assume souvent des fardeaux qui ne m'ont pas été imposés du dehors, pour le bénéfice plus que prépondérant que j'espère en tirer. Mais si j'ai cette foi en une Providence bienveillante qui ne m'affligera pas inutilement, je suis dans l'obligation de ne pas laisser ma foi, si elle est réelle, rester inactive dans mes périodes de douleur, de perte ou de chagrin. Je suis obligé de méditer sur ma croyance assurée et sur les preuves qui peuvent en être contenues dans mon expérience passée, afin qu'elle donne sa teinte à ma condition, son ton à ma pensée, sa direction à tout le courant de mes sentiments. et le sentiment. Ainsi, l'endurance peut être non seulement calme, mais joyeuse, parce qu'elle est imprégnée de la conviction qu'au cœur de tout ce qui semble mauvais se trouve un bien substantiel.

Pourtant, on ne peut nier qu'il existe des fardeaux et des chagrins qui durent toute la vie : des maladies incurables, des pertes irrémédiables, des deuils qui ne cesseront jamais de se faire sentir et ne pourront être remplacés. Surtout dans les années avancées, il y a des infirmités, des infirmités et des privations qui ne peuvent en aucun cas avoir un revenu équivalent à celui qu'ils nous prennent ; car dans la vieillesse, la croissance du caractère est trop lente pour valoir le sacrifice qui, dans la vie antérieure, peut être plus que compensé par la conscience de l'élargissement et de l'augmentation spirituels. Comment supporter ces fardeaux avec joie ? Ils ne le peuvent pas, à moins qu'ils ne soient également supportés, avec espoir. Mais si, au-delà de la vie terrestre, un avenir est présenté à la foi, dans lequel le passage sera rendu ici-bas d'autant plus facile par la perte et le chagrin ; si les familles sont là pour être réunies, et les places vides dans les affections comblées ; si de nobles espoirs, apparemment déçus, sont seulement reportés à un accomplissement plus riche et plus heureux, il y a dans cet avenir une force inépuisable de réconfort et de soutien pour ce qui doit être enduré ici. L'épreuve terrestre doit paraître légère et momentanée en vue du bonheur parfait et éternel ; et ainsi l'espoir qui s'appuie sur un domaine infini de l'être est transformé en utilités pour les besoins quotidiens des éprouvés, des souffrants, des affligés et des courbés par l'âge, fournissant à la patience un élément sans lequel elle ne peut être rendue parfaite.

Section II.

Soumission.

Il y a des événements, apparemment défavorables, qui en eux-mêmes sont passagers et n'infligent aucun inconfort permanent, mais qui nécessitent l'abandon d'attentes chères, le changement de plans favoris, peut-être, l'abandon pour toute une vie de buts et d'espoirs qui avaient été maintenus. la première place dans l'avenir anticipé. Ici, une certaine soumission est une nécessité. Mais la soumission peut être querelleuse et plaintive ; cela peut être amer et plein de ressentiment ; il peut être sévère et rigide. C'est seulement dans le dernier de ces types qu'il peut y avoir une apparence de vertu ; et cette dernière ne peut être vertueuse que là où les événements inévitables sont attribués au destin et non à la Providence. Mais si une Providence sage et bienveillante préside aux affaires humaines, ses décrets sont notre annuaire. Les événements mêmes qui nous guettent tracent notre chemin. L'arbre dont la croissance ascendante est freinée étend ses branches ; celui qui est circonscrit dans son expansion latérale atteint la plus grande hauteur. Les vrilles de la vigne sont guidées par les obstacles mêmes placés sur leur passage. Ainsi, dans la vie humaine, des barrières infranchissables dans une direction prescrivent des objectifs et des efforts dans une direction différente. Les choses que nous ne pouvons pas faire déterminent les choses que nous devrions faire. La croissance qui est entravée doit céder la place à une croissance d'un type différent, et pour nous sans doute plus saine, plus adaptée à nos capacités, plus propice à notre véritable bien-être. Ce qui semble être un obstacle peut être un soutien, donnant la meilleure direction possible à nos forces actives, et entraînant ainsi nos désirs et nos affections de manière à conduire à un bonheur plus élevé et à un bien plus substantiel que ceux qui auraient pu être obtenus autrement.

La soumission doit donc être fondée sur la foi . L'inévitable doit être pour nous le rendez-vous de l'Amour Omniscient. Dans notre enfance, le régime et la discipline qui étaient les moins à notre goût provenaient souvent des conseils les plus sages, et, en temps voulu, nous y avons acquiescé comme étant judicieux et bienveillants, et rétrospectivement nous ne les aurions pas eu autrement. Aussi peu que nous savions alors ce qui était le mieux pour notre bien-être dans un avenir proche, nous pouvons maintenant savoir ce qui est le mieux pour nous dans un avenir lointain, que ce soit dans le présent ou dans un état d'être supérieur. Tout ce qui nous reste est l'acquiescement, joyeux et plein d'espoir, à une Sagesse qui ne peut se tromper, à un Amour qui ne peut vouloir que le meilleur dont nous sommes capables.

La soumission n'est pas seulement passive, mais également **une vertu active** . Les événements inévitables imposent des devoirs impératifs. Dans le sens qu'ils nous indiquent, il y a un travail pour nous, d'auto-culture, de bonté, de charité. Nos caractères peuvent se développer, non pas en cédant, même joyeusement, à ce qui semble des malheurs, mais en profitant des opportunités qu'ils nous présentent, à la place de celles dont ils nous ont privés. Lorsque la voie que nous avions initialement choisie nous est interdite, nous ne devons pas rester immobiles, mais avancer avec une diligence accrue sur la voie qui nous est ainsi ouverte. Si le succès extérieur est arrêté et inversé, il n'y a que plus de raisons d'améliorer les éléments de base de notre être intérieur. Si ceux qui nous sont les plus chers sont passés hors de portée de nos bons offices, il y en a les plus éloignés qui peuvent être rapprochés et rendus nôtres par notre bienfaisance. Si notre vie terrestre est rendue désolée, les affections, les espoirs et les objectifs ainsi découverts peuvent, par notre industrie spirituelle et notre économie, être entraînés vers le ciel. Tout cela est inclus dans la pleine soumission à la volonté de la Divine Providence ; car cette volonté n'est pas notre perte, notre déception ou notre souffrance, mais notre croissance, grâce à elles, en quantité de vie mentale et spirituelle, en capacité de devoir et en pouvoir d'utilité.

Section III.

Courage.

La patience, comme son nom l'indique, est une qualité passive ; La soumission mélange le passif et l'actif ; alors que **Le courage** est avant tout une vertu active. La patience se résigne à ce qu'il faut endurer ; la soumission se conforme à ce qu'elle voudrait volontiers, mais ne peut revenir en arrière ; Le courage résiste à ce qu'il ne peut éluder, surmonte ce qu'il ne peut supprimer et ne refuse aucun conflit dans lequel il est honorable de s'engager. Il est évident que les occasions de ces vertus sont très différentes. La patience a sa place là où l'endurance calme et joyeuse est la seule ressource ; la soumission, où il doit y avoir une auto-adaptation volontaire à des circonstances modifiées ; le courage, là où menace un mal qu'un effort acharné peut éviter, atténuer ou maîtriser.

Le courage est une vertu, seulement lorsqu'il est une nécessité. Il n'y a aucun mérite à rechercher le danger, à susciter une opposition, à courtiser l'hostilité. En fait, une telle conduite émane plus souvent de personnes qui se savent lâches et craignent d'être considérées comme telles, que de personnes réellement courageuses. Mais il y a des périls, des rencontres, des inimitiés qui ne peuvent en aucun cas être évités, et il y en a d'autres qui ne peuvent être évités que par le sacrifice de principes ou par l'abandon d'occasions de faire le bien, et qui, par conséquent, sont laissés à un esprit vertueux. l'homme est inévitable.

Le **courage physique** , communément appelé, qui est prompt et intrépide en présence d'un danger imminent ou dans un conflit armé avec des ennemis, peut être ou non une vertu. Cela peut provenir d'un esprit trop superficiel et frivole pour apprécier la valeur de la vie ou l'ampleur du péril qui la menace ; cela peut, comme souvent dans le cas des soldats vétérans, être le résultat d'une discipline sans l'aide de principes ; ou cela peut dépendre entièrement d'une excitation intense et captivante, de sorte que celui qui marcherait sans crainte à la tête d'un espoir désespéré pourrait trembler devant un ennemi solitaire. Mais si l'on est, face au péril, à la fois calme et résolu, calme et ferme, prudent et audacieux, pleinement conscient de tout ce qu'il doit affronter et inébranlablement courageux pour y faire face, un tel courage est une haute moralité. réalisation. Sa source la plus sûre est la confiance dans la Providence divine, la conviction ferme que l'inévitable ne peut être autrement que d'un but et d'un ministère bienveillants, bien que ce but puisse être développé et ce ministère effectué seulement dans un état d'être supérieur. À cette foi, il faut ajouter un fort sentiment de virilité et de supériorité en vertu de cette virilité sur tous les environnements et événements extérieurs. Nous sommes conscients d'une suprématie légitime sur le monde extérieur et jugeons indigne de succomber, sans résistance intestine, à toute force par laquelle nous pourrions être assaillis, que cette force soit une puissance de la nature ou une agression injustifiée de la part d'un prochain. . C'est la présence de cette conscience qui mérite notre admiration pour tout véritable héroïsme, et son absence au moment du besoin qui rend la lâcheté méprisable.

Il y a un **courage moral** requis pour poursuivre notre cours légitime dans la vie ou pour accomplir notre devoir manifeste, malgré les difficultés, les obstacles, les obstacles auxquels les faibles et les timides ne pouvaient que céder. Les éléments constitutifs de ce type de courage sont précisément les mêmes que ceux nécessaires face au péril physique. Dans les deux cas, il est également peu viril de succomber avant d'avoir résisté jusqu'au bout. Mais alors que le courage physique ne peut, au mieux, qu'assurer notre sécurité, le courage moral contribue essentiellement à la croissance de l'esprit et du caractère ; et plus grande sera l'occasion de l'exercer, plus grande sera la masse d'esprit, la quantité de caractère, la puissance du devoir et de l'utilité. Les difficultés développent des ressources plus riches qu'elles n'en abritent. Les obstacles nourrissent la hardiesse d'esprit dans la lutte contre eux ou dans les efforts visant à les neutraliser. Les obstacles, une fois surmontés, donnent à chacun une position plus élevée que celle qui pourrait être atteinte sur un chemin dégagé. L'école de la difficulté est celle dans laquelle nous avons notre formation la plus efficace pour atteindre l'éminence, qu'il s'agisse de capacité ou d'excellence morale. Ce que l'on considère comme des maux inévitables, lorsqu'on les affronte avec courage, ne sont que des bénéfices et des bénédictions, dans la mesure où ils mettent en exercice pleinement et vigoureusement les muscles et les tendons les plus robustes de l'homme intérieur, pour mesurer leur force avec eux ou pour s'élever au-dessus d'eux.

Il faut du courage dans **la profession et dans le maintien du vrai et du droit** , lorsqu'ils sont refusés, assaillis ou vilipendés. Les communautés ne suivent jamais les progrès de l'opinion. Il y a toujours des esprits et des consciences pionniers ; et les hommes qui sont en avance sur leur temps doivent au moins faire face à l'opprobre, souvent à la persécution, à la perte, aux difficultés, parfois aux sanctions légales et aux handicaps. Dans de telles circonstances, il y en a sans doute beaucoup plus qui reconnaissent intérieurement la vérité impopulaire ou le droit contesté que ceux qui sont prêts à avouer et à défendre leur croyance. Beaucoup sont effrayés et se laissent aller à de fausses paroles ou à un silence trompeur. Mais il doit y avoir dans de tels esprits un mensonge conscient, fatal à leur propre estime de soi et au plus haut degré préjudiciable à leur individualité morale. Cela exige et en même temps nourrit une véritable grandeur d'âme pour résister au courant de l'opinion générale, pour défier les préjugés populaires, pour se rendre « sans réputation » afin de préserver intacte son intégrité. C'est pourquoi, avec le temps, ceux-là mêmes qui ont été tenus dans la plus basse estime s'élèvent au rang d'éminents dans l'opinion générale, parfois de leur vivant, le plus souvent avec une génération suivante. Martyrs en leur temps, ils reçoivent la couronne du martyre lorsque l'œuvre qu'ils ont commencée est consommée. L'histoire de toutes les grandes réformes qui ont été des époques successives dans le progrès moral de la chrétienté est pleine de noms, autrefois déshonorés, aujourd'hui parmi les plus marquants de leur race.

Ce type de courage a, à des époques moins éclairées que la nôtre, été illustré par **ceux qui ont sacrifié leur vie plutôt que de nier ou de supprimer des croyances** qu'ils considéraient comme vitales. Il est difficile de prévoir que le monde civilisé sombrera dans la barbarie au point de rallumer la flamme mortelle de la persécution ; mais on peut se demander si le sacrifice chronique de tout ce que les hommes désirent le plus dans la vie exige ou manifeste moins d'héroïsme que dans les temps anciens, il fournissait des victimes pour l'arène ou le bûcher.

Dans la hiérarchie morale, le premier rang est probablement dû au **courage qui inspire et soutient une entreprise philanthropique ardue et périlleuse** . Le martyr de l'opinion souffre ou meurt plutôt que de tacher son âme de la culpabilité positive du mensonge ; tandis que le philanthrope pouvait éviter le travail et le danger sans commettre de péché réel, ni s'exposer à la censure ou à la désapprobation de Dieu ou de l'homme. Dans le premier cas, les difficultés ou le danger sont rendus inévitables par la nécessité ressentie du respect de soi ; dans le second, par l'urgence d'un amour de l'homme égal ou supérieur à l'amour de soi. Comme exemple de ce type de courage le plus élevé, il suffit de citer Howard, dont les efforts pour la réforme des prisons ont été poursuivis au risque bien connu et au prix ultime de sa vie ; Florence Nightingale et la noble fraternité qu'elle a inaugurée, qui ont remporté tous les lauriers intacts et incontestés des récentes guerres des deux côtés de l'Atlantique ; et les missionnaires chrétiens dans les tribus sauvages et dans les climats pestilentiels, qui se sont souvent mis à leur travail avec une conscience aussi claire du péril mortel que s'ils s'étaient rendus sur un champ de bataille.

Chapitre XII.

Commande; Ou devoirs quant aux objets sous son propre contrôle.

Il existe de nombreuses tâches qui sont auto-définies et auto-limitées. Ainsi, les actes ordinaires de justice et beaucoup de charités de la vie quotidienne comportent en eux-mêmes la désignation du temps, du lieu et de la mesure. Il existe d'autres devoirs, d'égale obligation, qui admettent de grandes variations quant à ces détails, mais qui ne peuvent être accomplis de la manière la plus digne et la plus efficace que lorsqu'on s'y réfère. Il existe également de nombreux actes, en eux-mêmes moralement indifférents, qui acquièrent leur caractère moral de bien ou de mal uniquement à partir d'un ou de plusieurs de ces particularités. Ainsi, les récréations innocentes et convenables du samedi peuvent être incompatibles avec les convenances du dimanche ; une conversation et une conduite parfaitement adaptées à la retraite d'un foyer peuvent être à juste titre offensantes dans un lieu public ; ou bien il peut y avoir une grande culpabilité dans l'usage excessif de ce qui, utilisé avec modération, peut être irréprochable, approprié et salutaire.

Section I.

Temps.

Une vie n'est pas trop longue pour l'œuvre d'une vie. D'où l'opportunité, et donc le devoir, d'une soigneuse économie de temps. Cette économie ne peut être assurée que par un arrangement systématique des heures de travail, de détente et de repos, et par l'affectation à des parties successives de la journée, de la semaine ou de l'année de leurs usages appropriés. La quantité de temps perdu, même par un homme industrieux qui n'a ni méthode ni ordre dans son industrie, représente une très grande proportion du temps employé avec profit. Dans les changements inutilement fréquents d'occupations, il y a à chaque début et à chaque fin une perte de la force de travail, qui ne peut ni se lancer à toute vitesse dans une nouvelle carrière, ni s'arrêter sans un ralentissement préalable. Ce gaspillage est rendu encore plus grand par l'incertitude ou l'hésitation des objectifs de ceux qui non seulement n'ont pas de projets industriels arrêtés, mais qui souvent ne savent que faire, ou sont susceptibles, dès qu'ils sont occupés d'une manière, de se sentir irrésistiblement attiré dans une direction différente.

Mais dans la répartition du temps, **l'homme doit être le maître et non l'esclave de son système** . Le travail régulier et le devoir effectif du moment ne coïncident pas toujours. Le soin dû à la santé, la possibilité de loisirs mérités et nécessaires, les exigences de charité, de courtoisie et d'hospitalité, enfin, l'urgence immédiate de tout devoir envers soi, envers l'homme ou envers Dieu, devraient toujours avoir la préséance sur le travail de routine, aussi sagement planifié soit-il. . L'adhésion obstinée au système peut conduire à des omissions criminelles plus nombreuses et plus graves que celles qui pourraient survenir, même dans l'industrie spasmodique qui prend son impulsion à partir du moment passager. Il ne faut pas oublier que la ponctualité est l'élément essentiel du droit et de l'obligation dans beaucoup de choses qui doivent être faites, spécialement dans toutes les formes de charité, aussi bien dans les grands services que dans ces moindres commodités et bontés qui contribuent si largement au charme de la société et le bonheur de la vie domestique. Il y a beaucoup de bons offices qu'il vaudrait mieux laisser de côté, accomplis trop tard, des courtoisies qui, différées, sont des incivilités, des attentions qui, hors de saison, sont inutiles et ennuyeuses.

Chaque jour, chaque heure d'éveil a son propre devoir , soit son travail spécial, soit sa part du travail normal de la vie. La procrastination est donc aussi imprudente qu'immorale, ou plutôt, elle est immorale parce qu'elle est imprudente et inappropriée. Le lendemain a ses propres devoirs ; et si l'on y ajoute le travail d'aujourd'hui, la combinaison de deux jours de bon travail en une seule dépasse les capacités ordinaires. La conséquence en est, ou bien que les travaux des deux jours sont imparfaitement exécutés, ou bien qu'une partie de ce qui appartient dignement au lendemain est repoussée plus loin et que le dérangement du devoir devient chronique. Ainsi, il y a des personnes qui sont toujours en retard dans leurs engagements et leurs occupations, et qui courent pour ainsi dire après des devoirs qu'elles ne perdent jamais de vue et ne dépassent jamais.

L'erreur de ceux qui anticipent leur devoir et font aujourd'hui ce qu'ils devraient faire demain **n'est pas moins grave** , quoique moins commune . Le travail ainsi prévu peut être remplacé ou peut être exécuté sous de meilleurs auspices et avec moins d'obstacles en son temps ; alors qu'il ne peut guère manquer de gêner de manière préjudiciable l'emploi convenable ou la détente nécessaire de la journée qui passe. De plus, l'habitude d'accomplir un travail ainsi avant l'heure indique et intensifie à la fois un état d'esprit inquiet et méfiant, défavorable à l'effort vigoureux et, plus encore, à la jouissance tranquille du repos et de la récréation nécessaires. Il y a ceux qui sont perpétuellement hantés par les ombres projetées, non seulement d'obligations et de devoirs fixes, mais aussi contingents, ombres généralement plus grandes que la substance, et souvent totalement dépourvues de substance.

La ponctualité [17] dénote la précision la plus scrupuleuse quant au temps, l'exactitude à un moment précis dans l'observance de tous les temps qui peuvent être désignés ou convenus. Dans les domaines qui nous concernent seuls, nous avons sans aucun doute le droit de disposer du pouvoir de dispense, et nous pouvons souvent l'exercer à juste titre. Ainsi, dans l'organisation de nos propres activités, l'horloge peut mesurer et diriger notre industrie, sans nous lier par son coup. Il est souvent plus important de terminer ce qui est presque fait que de changer de travail parce que l'heure habituelle du changement est arrivée. Mais pour les autres, une ponctualité rigoureuse est un devoir impératif. Une heure fixe pour une assemblée, une réunion d'un comité ou d'un conseil de fiducie, ou un entretien d'affaires, est un contrat virtuel dans lequel chaque personne concernée a conclu entre elles, et les règles strictes qui s'appliquent aux contrats de toutes sortes sont applicables. ici. Le manque de ponctualité est une malhonnêteté. Il s'agit du vol du temps qui, pour certains hommes, vaut de l'argent, pour d'autres, il vaut plus que de l'argent. Cela ne devrait pas nous surprendre si une personne, volontairement ou habituellement négligente dans cette affaire, se montre inconsciente d'autres obligations encore plus impératives ; car l'ennui de la conscience et le sens obscur du droit, indiqués par la rupture fréquente des contrats virtuels quant au temps, annonçaient un caractère trop faible pour maintenir son intégrité contre toute forte tentation.

Section II.

Lieu.

La maxime banale : **Une place pour chaque chose, et chaque chose à sa place**, se recommande tellement au sentiment d'adéquation qu'elle n'a guère besoin d'être exposée ou appliquée ; cependant, bien qu'aucune maxime ne soit plus généralement admise, aucune n'est aussi fréquemment violée dans la pratique. Dans le devoir, les éléments de temps et de lieu sont intimement mêlés. Le désordre sur place engendre le dérangement dans le temps. L'objet qui n'est pas à sa place ne peut être retrouvé qu'en perdant du temps ; et l' industrie la plus fidèle perd une grande partie de sa valeur lorsque ses matériaux manquent là où ils devraient être, et qu'il faut les chercher là où ils ne devraient pas être.

Au-delà des considérations d'utilité, l'ordre est un devoir esthétique. Il est nécessaire de satisfaire le sens de la beauté. Sa violation offense l'œil, insulte le goût. La nature esthétique aspire et revendique la culture. Il est largement pourvu dans la nature extérieure ; mais une si grande partie de la vie doit se dérouler à l'intérieur des portes, du moins dans un climat comme le nôtre, qu'elle est affamée et réduite à néant, s'il n'y a pas dans les arrangements intérieurs quelque faible semblant de symétrie et d'harmonie de l'univers. Pour y parvenir, il ne faut ni abondance ni coût élevé du matériel. Un Français ou une Française charmera les yeux à un prix qui, en Angleterre, serait représenté par une pauvreté nue et sordide. Une vitrine parisienne fera avec quelques francs de marchandises une exposition d'une beauté artistique qui pourrait défier les critiques les plus exigeantes. Ces effets sont produits uniquement par une référence primordiale à l'adéquation du lieu, à un agencement ordonné, à une symétrie que tous peuvent comprendre et que chacun pourrait copier. Notre capacité même à recevoir une gratification de cette source est la mesure de notre devoir à cet égard. Si, avec les matériaux les plus simples, nous pouvons donner du plaisir à l'âme par l'œil en attribuant simplement à chaque objet la place qui lui convient, l'ordre est l'un des préceptes les plus évidents de la bienfaisance.

L'ordre est essentiel au confort et au bien-être domestiques , et donc à toutes les vertus qui trouvent leur premier et leur plus sûr développement dans la vie domestique. Il y a des maisons à la fois riches et sans joie, gémissant de gaspillage inutile et dépourvues du confort nécessaire, dans lesquelles l'idée de repos semble aussi hors de propos que la figure de Salomon allongé au sommet d'un mât, et tout cela dans un esprit de désordre omniprésent. Dans de telles habitations, il n'y a pas d'amour du foyer. La maison commune n'est qu'un simple lieu d'hébergement et de nourrissage. La société est cherchée ailleurs, le plaisir ailleurs ; et pour les jeunes et facilement impressionnables, il existe une forte incitation à ces modes de dissipation dans lesquels le vice cache sa grossièreté derrière de beaux extérieurs et sous des formes attrayantes. D'un autre côté, une maison bien ordonnée offre à ses habitants le repos, le confort et la jouissance dont ils aspirent et dont ils ont besoin, et pour ceux dont le caractère est en train de se former, elle peut neutraliser les attraits du mal qui autrement seraient irrésistibles.

Section III.

Mesure.

Il existe de nombreux objets pour lesquels **la question du devoir est une question de plus ou de moins** . À cette classe appartiennent non seulement la nourriture et les boissons, mais toutes les formes de luxe, d'indulgence, de récréation et d'amusement. Dans tout cela, le choix se situe entre l'excès, l'abstinence et la tempérance. La tendance à l'excès est extrêmement forte lorsqu'elle n'est pas freinée par la prudence ou par des principes. Cette tendance n'est nullement limitée à l'appétit pour les liqueurs enivrantes, bien que l'usage moderne ait restreint à l'excès, dans ce domaine particulier, le terme *d'intempérance* , qui a proprement une signification beaucoup plus étendue. Il y a des raisons de croire qu'il y a autant d'intempérance dans la nourriture que dans la boisson, et avec des conséquences au moins également désastreuses quant à la capacité, au caractère, à la santé et à la vie, avec cette seule différence que la gourmandise stupéfie et abrutit, tandis que l'ivresse rend fou; et que le glouton n'est qu'un poids mort pour la communauté, tandis que l'ivrogne est un instrument actif de désagrément et de péril. Il y en a probablement moins qui sombrent dans un état absolument bestial par l'intempérance de la nourriture que par l'intempérance de la boisson ; mais parmi les personnes qui ne s'exposent pas à un scandale ouvert, celles dont le cerveau est embrouillé, dont la sensibilité est grossie et dont la puissance de travail est altérée par une alimentation excessive, sont plus nombreuses que celles chez qui des effets similaires sont produits par une indulgence trop libre. dans des boissons enivrantes. L'intempérance dans les divertissements n'est pas non plus rare et serait sans doute plus répandue qu'elle ne l'est si la nécessité inévitable du travail n'était pas imposée à la plupart des gens dès une période très précoce. En cette matière, la limite entre tempérance et excès est justement fixée par le terme *de récréation* , appliqué à toutes les parties gaies et festives de la vie. *La recréation* transforme, c'est-à-dire remplace le gaspillage de tissus, de puissance cérébrale et d'énergie physique et mentale occasionné par un travail acharné. La tempérance permet l'indulgence la plus généreuse en matière de sport, de gaieté et de gaieté qui puisse être considérée comme nécessaire ou propice à cet usage essentiel, mais exclut tout ce qui dépasse cette mesure.

L'abstinence de toute forme de luxe et de loisirs, ainsi que de nourriture et de boisson dépassant les exigences les plus basses de subsistance, a été, dans diverses cultures, considérée comme un devoir, comme une pénitence appropriée pour le péché, comme un moyen de croissance spirituelle, comme un gage. d'excellence avancée. Cette notion trouve son origine dans la philosophie ou théologie dualiste de l'Orient. On croyait que la souveraineté de l'univers était partagée entre les principes semi-omnipotents du bien et du mal, et que la terre et le corps humain avaient été créés par le principe du mal, c'est-à-dire par Satan ou son analogue. On en déduisit donc que le mauvais principe pouvait être abjuré et défié, et que le bon principe ne pouvait être apaisé d'une manière aussi efficace qu'en renonçant au monde et en mortifiant le corps. Le jeûne, en tant qu'observance religieuse, est né de cette croyance. Il a été importé d'Orient. Les jeûnes hébreux n'ont pas été établis par Moïse ; ils ont évidemment été empruntés à Babylone et semblent avoir été considérés sans faveur par les prophètes. Le fondateur du christianisme n'a prescrit aucun jeûne et nous n'avons aucune raison de croire que ses disciples immédiats considéraient l'abstinence comme un devoir. L'ascétisme chrétien sous toutes ses formes est, comme les jeûnes juifs, d'origine orientale et a eu ses premiers développements en relation étroite avec ces hybrides du christianisme et de la philosophie orientale dont le dualisme déjà mentionné constitue un trait saillant.

En ce qui concerne tous les objets d'appétit, de désir et de jouissance, **la tempérance** est évidemment appropriée, et donc un devoir, à moins qu'il n'y ait des raisons spécifiques pour l'abstinence. La tempérance exige et implique une activité morale. Chez l'homme tempéré, les appétits, les désirs et les goûts existent continuellement et ont besoin d'un contrôle vigilant et sage, de sorte qu'il a toujours un travail à faire, une guerre à mener ; et de même que le conflit avec les éléments donne de la vigueur au corps, de même le conflit avec le corps ajoute continuellement de la force à la nature morale. L'ascète peut avoir au début une dure lutte ; mais son but est d'extirper ses ennemis imaginaires dans les affections corporelles, et lorsque ceux-ci sont complètement mortifiés ou mis à mort, il ne lui reste plus rien à faire, et l'oisiveté morale et la léthargie s'ensuivent. Simon Stylites, qui passa trente-sept ans sur des piliers de différentes hauteurs, avait probablement stupéfié ses facultés morales et sa sensibilité aussi efficacement qu'il avait écrasé à mort les appétits et les désirs du corps. Il ne faut pas oublier que le corps, tout autant que l'âme, est une construction de Dieu et que, dans son dessein, tous les pouvoirs et capacités du corps sont bons à leur place et dans leur utilisation, et doivent donc être contrôlés et gouvernés, et non détruits ou détruits. supprimé. Le saint médiéval, se nourrissant des abats des rues, commettait involontairement un sacrilège, en dégradant et en imbrutissant un appétit auquel Dieu avait pourvu une nourriture décente et saine.

La tempérance vaut également mieux que l'abstinence, parce que **l'usage modéré des objets du désir est une source d'influences raffinées et élevées** . Ce n'est pas sans signification que, dans le langage courant, la possession ou la perte des sens est synonyme de santé mentale ou de dérangement. Par la satisfaction modérée des sens, l'esprit est soutenu dans sa fraîcheur, sa vigueur et sa sérénité ; tandis que lorsqu'ils sont pervertis par l'excès, affaiblis par l'âge ou endormis par la maladie, dans la même proportion les facultés mentales sont distraites, affaiblies ou engourdies. Le goût, faculté par laquelle nous devenons familiers avec tout le royaume de la beauté, et que la dévotion n'a pas d'auxiliaire plus efficace, tire son nom de ce que l'ascète considère comme la jouissance animale la plus basse, qui, cependant, a sa portée la plus élevée. ministères. La table est l'autel de l'amour du foyer et de l'hospitalité, et autour d'elle se rassemblent d'innombrables courtoisies, bontés et charités qui font une grande partie du charme et de la joie de vivre. La prévenance pour son service gracieux et généreux est si loin d'indiquer un type de caractère bas, qu'il n'y a guère d'indice plus sûr de raffinement et de culture élégante que celui fourni par le repas de famille. Des remarques similaires s'appliquent à l'ensemble de la gamme des objets et des expériences agréables. Bien qu'il n'y en ait aucun où l'excès soit sans danger, tous, consommés avec modération, stimulent les facultés mentales, développent et entraînent la faculté esthétique, et multiplient les relations bénéfiques avec la nature et avec la société.

La tempérance , plutôt que l'abstinence, **est nécessaire pour des raisons liées à l'économie sociale** . Le travail pour les simples nécessités de la vie n'occupe guère la dîme de l'industrie humaine. Une nation d'ascètes serait une nation de fainéants. C'est la demande d'objets de plaisir, de goût, de luxe qui fait flotter les navires, barrage les rivières, stimule l'invention, alimente la prospérité et crée la richesse des nations. Seuls les excès et l'extravagance entretiennent et aggravent les inégalités sociales, les torts, les besoins et les fardeaux ; tandis qu'une utilisation modérée, mais généreuse, huile les ressorts et accélère les rouages de l'industrie universelle, du progrès, du confort et du bonheur.

Mais il existe **des cas dans lesquels l'abstinence** , plutôt que la tempérance, **est un devoir** .

Les excès du passé peuvent rendre la tempérance difficilement possible. Par suite du dérangement consécutif à un excès, l'appétit peut perdre la capacité de faire un exercice sain. Dans un tel cas, comme on amputerait un membre malade et inutile, on devrait supprimer l'appétit que l'on ne peut plus contrôler. Les recherches physiologiques ont montré que l'usage excessif de boissons enivrantes, lorsqu'il est prolongé, produit un état organique dans lequel la moindre indulgence est susceptible d'exciter un besoin si intense qu'il transcende le contrôle de la volonté.

Des penchants héréditaires peuvent, de la même manière, rendre la tempérance si difficile qu'elle fait de l'abstinence un devoir. Il est concevable qu'une nation ou une communauté puisse, en raison de la prévalence des excès au cours des générations passées, être caractérisée par une si forte tendance à l'intempérance qu'elle fait de l'abstinence générale une condition préalable à la tempérance générale.

L'abstinence peut également devenir un devoir si, pour beaucoup autour de nous, notre **exemple** de ce dont nous pouvons profiter innocemment était piège et périlleux. Il est peut-être de notre devoir d'y renoncer. L'indulgence, sûre pour nous, qui serait dangereuse pour nos associés, peut nous incomber de démissionner. La nourriture, la boisson qui ferait de notre table un piège pour nos invités, nous pouvons être tenus de nous en abstenir, même si pour nous-mêmes il n'y a aucun mal latent ni danger caché. Il s'agit là cependant d'une matière dans laquelle chacun doit déterminer seul son devoir, et dans laquelle personne n'est autorisé à légiférer pour autrui. Il peut sembler à un homme consciencieux une entreprise digne de justifier et de sauver de ses mauvaises associations un amusement ou une indulgence en soi non seulement inoffensif, mais salutaire ; et il peut y avoir un sentiment de droit tout aussi fort des deux côtés sur une question de moralité sociale relevant de cette rubrique. Le côté joyeux de la vie doit être maintenu. Les jeunes, optimistes et heureux auront en tout cas des récréations, des jeux, des festivités, et parmi ceux-ci, il n'y a pas un seul élément, matériau ou caractéristique qui n'ait été abusé, perverti ou investi d'associations offensantes pour un pur goût moral. . Les renier et s'opposer à tous au nom de la vertu, c'est prescrire un degré d'abstinence qui ne peut avoir l'assentiment que de ceux qui ont survécu à la capacité de jouir. La solution la plus judicieuse est de favoriser, ou du moins de tolérer les modes d'indulgence qui peuvent pour le moment être les moins susceptibles d'être abusés, ou ceux qui peuvent en perspective être les plus sûrs dans leur influence morale, et en les sanctionnant de rendre plus la désapprobation et le rejet catégoriques et efficaces de ceux qui sont intrinsèquement mauvais et mauvais.

Section IV.

Manières.

Les anciens n'avaient qu'un seul mot pour **désigner les mœurs et la morale** . Il se pourrait bien qu'il en soit de même chez nous, avec cependant cette différence essentielle que, tandis qu'elles dégradent la morale au niveau des mœurs, une culture supérieure nous amènerait à élever les mœurs au niveau de la morale. Les principales caractéristiques des bonnes manières sont comprises dans les trois sections précédentes. Ils sont le respect, dans son comportement et sa conduite envers les autres, des convenances du temps et du lieu, et du juste milieu entre les manifestations de considération surmenées, extravagantes ou fantastiques d'une part, et la froideur, la dédain, ou l'indifférence. de l'autre. Les courtoisies, comme les gentillesses plus substantielles, sont neutralisées par le retard et, lorsqu'elles sont lentes, semblent forcées et réticentes. Les attentions qui, à leur place, sont gratifiantes, peuvent, si elles sont mal placées, occasionner seulement de la mortification et de l'embarras, comme lorsque les politesses dignes de la vie intérieure d'un foyer sont répétées aux yeux et aux oreilles du public. Il n'existe pas non plus de domaine de conduite dans lequel l'excès ou le manque soit plus douloureusement ressenti, une redondance de compliments et d'assiduités tendant à faire taire et à déconcerter celui qui les reçoit, tandis que leur mépris excessif inflige un vif sentiment de mépris, de négligence et d'injure.

La politesse doit en effet, pour paraître authentique, être l'expression d'une bonté sincère. Il n'y a pas de prétention plus difficile à maintenir que la fausse démonstration de sentiments sympathiques et bienveillants. Le masque ne peut pas être ajusté au visage de manière à ne pas trahir ses coutures et ses sutures. Pourtant, la gentillesse n'est pas en soi la politesse. Ses expressions spontanées peuvent être grossières et maladroites ; ou bien ils peuvent prendre des formes difficiles à comprendre et à apprécier. Il existe des modes conventionnels de comportement poli tout autant que de discours courtois. Ces modes peuvent n'avoir aucune aptitude intrinsèque, mais ils acquièrent une aptitude grâce à leur utilisation prolongée et générale ; et bien que la simple répétition de formules stéréotypées, que ce soit dans les paroles ou dans le comportement, soit à juste titre offensante, celui qui souhaite que sa politesse soit reconnue et appréciée doit se garder de s'écarter trop largement du langage des signes établi de la société. Il y a souvent une *brusquerie* sous-jacente à la bonté chaleureuse et à la bonne camaraderie, qui au début fait souffrir, blesse et repousse ceux qui sont amenés dans sa sphère, et que les amis les plus intimes supportent et excusent plutôt qu'approuvent.

La politesse doit être considérée comme un devoir indispensable. On croit que sa négligence ou sa violation entraîne plus de malaises que toute autre cause isolée, et dans certains milieux et conditions de la société, plus que toutes les autres causes réunies. Il y a des quartiers et des communautés qui sont rarement troublés par des infractions graves à la loi pénale, mais aucun ne peut se garantir contre les affronts, les inimitiés, les sensibilités blessées, les griefs irritants, occasionnés par l'incivilité et la grossièreté. De plus, il y a des personnes entièrement exemptes de vice, peut-être ostentatoires dans les qualités qui sont opposées aux vices, et qui ne manquent pas de travaux et de dons charitables, qui cultivent le manque de courtoisie, sont âcres ou amères dans leurs actes mêmes de charité et portent dans toutes leurs actions. la société une certaine individualité de porc-épic, qui rend leur simple présence ennuyeuse et funeste. De telles personnes, outre les souffrances qu'elles infligent aux individus, causent un préjudice indescriptible à leurs cercles ou communautés respectifs, en rendant leurs vertus mêmes peu attrayantes et la piété, s'ils la professent, odieuse. D'un autre côté, il n'y a pas de plus véritable bienfaiteur pour la société – si la création du bonheur est la mesure du bénéfice – que le véritable gentleman ou la gentlewoman, qui ajoute la grâce à la vertu, la politesse à la bonté ; qui, sous la direction d'une camaraderie sincère, étudie les aptitudes du langage et des manières, s'efforce avec courtoisie et courtoisie de rendre à tous ce qui lui est dû, et dans les moindres détails qui peuvent affecter le bonheur d'autrui, fait soigneusement et consciencieusement tout ce qui le plus une sensibilité exigeante pourrait revendiquer ou désirer.

Section V.

Gouvernement.

L'établissement et le maintien de l'ordre sont la fonction première et essentielle du gouvernement ; la prévention et la répression du crime, son utilisation secondaire, accessoire, peut-être même temporaire. Dans un état de société parfait, le gouvernement serait encore nécessaire ; car ce serait seulement par l'observance de désignations communes et mutuelles de temps, de lieu et de mesure, que chaque membre individuel de la société pourrait jouir de la plus grande liberté et du plus plein revenu provenant des objets de désir, compatibles avec les justes revendications et droits d'autrui. . Ces avantages ne peuvent, dans aucune condition concevable dans laquelle des êtres finis peuvent être placés, être garantis sauf par un système, sous une administration centrale et avec la soumission des volontés et des jugements individuels à une autorité constituée et établie. Un mauvais gouvernement vaut donc mieux que rien ; car un mauvais gouvernement ne peut exister qu'en accomplissant une partie du travail qui lui convient, tandis que dans un état d'anarchie, l'ensemble de ce travail est laissé en suspens et sans tentative.

L'obéissance au gouvernement est donc convenable, et donc un devoir, indépendamment de toutes considérations quant à la sagesse, ou même à la justice de ses décrets ou statuts. Si elles sont imprudentes, ce sont pourtant des règles auxquelles la communauté peut se conformer et par lesquelles ses membres peuvent élaborer leurs plans et gouverner leurs attentes, tandis que l'anarchie est la négation à la fois de la direction pour le présent et de la confiance dans l'avenir. S'ils sont injustes, ils font pourtant moins de mal et à moins de personnes que ne le feraient des tentatives individuelles et sporadiques pour les échapper ou les neutraliser. Bien plus, des lois imprudentes et inéquitables, auxquelles les habitudes et les relations industrielles d'un peuple se sont adaptées, doivent être préférées à une législation hésitante, quoique dans une direction généralement bonne. Les lois qui affectent des intérêts importants ne devraient être améliorées qu'en référence aux engagements virtuels pris par la législation précédente, et de manière à protéger les intérêts en jeu contre les effets préjudiciables de mesures nouvelles et révolutionnaires. La réglementation tarifaire de notre propre pays illustrera la portée de ce principe. Il ne fait pas partie de notre plan actuel de discuter des questions controversées du libre-échange et de la protection. Mais de l'aveu même des partisans les plus extrêmes des deux côtés, le capital et l'industrie de notre peuple n'auraient jamais pu autant souffrir d'un quelconque tarif de droits, aussi peu judicieux soit-il, qu'ils ont souffert pendant une série d'années de changements brusques de politique, en Les investissements qui avaient été sollicités par la législation d'un congrès furent rendus inutiles par l'action du congrès suivant, et les manufactures stimulées dans une croissance rapide par des droits protecteurs élevés, furent arrêtées et souvent ruinées par leur abrogation soudaine. La stabilité des lois est évidemment un bien supérieur à leur conformité aux vues théoriques des citoyens les plus éclairés. Sauf sous un despotisme, les lois sont virtuellement une expression de l'opinion ou de la volonté de la majorité ; et les lois qui, par une combinaison de circonstances favorables, sont adoptées avant l'opinion générale, sont toujours susceptibles d'être rapidement abrogées, avec une double série de conséquences préjudiciables qui ne peuvent guère manquer de résulter immédiatement de tout changement.

Mais n'y a-t-il pas **de limites à l'obéissance** ? Il y en a sans aucun doute. Une mauvaise loi doit être obéie pour le bien de l'ordre ; une loi immorale doit être désobéie pour le bien de la conscience individuelle ; et du caractère moral d'une loi particulière, ou d'une action en vertu de celle-ci, la conscience individuelle est le seul juge légitime. Lorsque la loi du pays et le droit absolu sont en désaccord, le citoyen est tenu, non seulement de refuser d'obéir, mais d'avouer sa croyance et de lui donner sa pleine expression sous toutes les formes et de toutes les manières légitimes, par la voix et la plume, par des moyens privés. influence et par les urnes. Mais dans l'intérêt de l'ordre public, il est de son devoir de limiter son opposition aux méthodes légales et constitutionnelles, de s'abstenir de toute résistance factieuse et séditieuse, d'éviter, si possible, l'urgence où la désobéissance deviendrait son devoir, et en cas d'urgence. sa conscience le contraint à la désobéissance, toujours pour montrer son respect pour la majesté de la loi en se soumettant tranquillement à sa peine. L'histoire encore récente de notre pays en est un bon exemple. Par la loi sur les esclaves fugitifs — que la divine providence a en effet abrogée sans attendre l'action du Congrès — le citoyen privé qui a donné refuge, nourriture ou réconfort à un esclave fugitif ; qui, connaissant sa cachette, omettait de la divulguer, ou qui, appelé à aider à son arrestation, refusait son aide, fut passible d'une lourde amende et d'une longue peine de prison. Quant à cette loi, il était évidemment du devoir d'un citoyen qui considérait l'esclave comme ayant droit aux droits de l'homme, de demander son abrogation par toutes les méthodes constitutionnelles en son pouvoir. Il était également de son devoir de s'abstenir de toute interférence violente avec les fonctionnaires chargés de son exécution, et d'éviter, si possible, toute collision avec le gouvernement. Mais si, sans sa recherche, un esclave fugitif avait été confié à ses fonctions humaines, la question se serait alors posée de savoir s'il devait obéir à Dieu ou aux hommes ; et à cette question il n'aurait pu avoir qu'une seule réponse. Pourtant, son obéissance à Dieu n'aurait pas eu sa grâce suprême s'il n'avait pas cédé docilement au châtiment pour sa désobéissance à la loi du pays. C'est par cette voie que les chrétiens primitifs attestaient leur loyauté à la fois envers Dieu et envers « les pouvoirs en place

», qui étaient « ordonnés de Dieu ». Ils refusaient d'obéir aux autorités civiles dans les matières où leur devoir religieux était compromis ; mais ils n'ont ni résisté ni éludé la punition pour leur désobéissance. Le comportement des Quakers en Angleterre et en Amérique fut semblable jusqu'à nos jours. C'étaient des citoyens tranquilles et utiles, remplissant les mêmes fonctions auprès de leurs concitoyens, autant que leur conscience le permettait, et, lorsque la conscience interposait son veto, prenant patiemment la saisie de leurs biens et l'emprisonnement de leurs corps, jusqu'à ce que, par Grâce à leur vie irréprochable et à leur humble endurance, ils obtinrent de la part des gouvernements de la mère patrie et des États-Unis l'amnistie pour leurs scrupules de conscience.

Il peut y avoir un état de société dans lequel il devient **du devoir des bons citoyens d'adopter une attitude illégale et de commettre des actes illégaux, dans l'intérêt de l'ordre public** . Si ceux qui sont légalement chargés de fonctions exécutives et judiciaires trahissent ouvertement, notoirement et constamment leur confiance, au point de perturber et de renverser l'ordre social qu'ils ont pour fonction de maintenir, bons citoyens, s'ils en ont le pouvoir. pouvoir, ont sans aucun doute le droit de les déplacer et d'instituer un gouvernement provisoire pour l'urgence temporaire. Un cas de ce genre s'est produit il y a quelques années à San Francisco. Le gouvernement tout entier de la ville était depuis plusieurs années sous le contrôle de voyous et de mécréants, et la force et la fraude avaient fait des urnes un remède inefficace. Aucun citoyen respectueux des lois ne considérait sa vie ou ses biens comme étant en sécurité ; des outrages flagrants ont été commis en toute impunité ; et les voleurs et les meurtriers avaient seuls la protection des autorités municipales. Désespérant de trouver un recours légal, les meilleurs citoyens de tous les partis s'organisèrent sous la direction d'un comité de sûreté, destituèrent de force les magistrats et les juges municipaux, traduisirent en justice, condamnèrent et punirent des criminels notoires, rétablirent l'intégrité du suffrage et ont renoncé à leur pouvoir à des fonctionnaires légalement élus, sous lesquels et à leurs successeurs la ville a joui d'un degré d'ordre, de tranquillité et de sécurité au moins égal à celui de toute autre grande ville du continent.

Le droit à la révolution est sans aucun doute inhérent à un corps politique national ; mais c'est un droit extrême et ne doit être exercé qu'en cas de nécessité la plus urgente. Ses conditions ne peuvent être strictement définies et son exercice ne peut peut-être se justifier que par ses résultats. Un gouvernement constitutionnel peut rarement fournir l'occasion de prendre des mesures révolutionnaires violentes ; car chaque constitution a ses propres dispositions relatives aux amendements juridiques, et le sentiment public mûr pour la révolution ne peut guère manquer d'être assez fort pour apporter les amendements qu'il désire, à travers les processus juridiques qui, bien que lents et fastidieux, sont infiniment préférables à la l'emploi de la force et les méfaits de la guerre civile. D'un autre côté, un gouvernement despotique ou arbitraire ne peut admettre l'abrogation que par la force ; et si son administration viole les droits privés, impose des fardeaux et des handicaps injustes, supprime le développement des ressources nationales et remplace l'administration de la justice ou l'existence de relations équitables entre classe et classe ou entre homme et homme, le peuple - la source légitime et arbitre du gouvernement, a manifestement le droit d'affirmer sa propre autorité et de substituer une constitution et des dirigeants de son choix à la souveraineté qui a trahi sa confiance. Sous une oppression similaire, le même droit existe incontestablement dans une colonie éloignée ou dans une nation soumise par conquête à une puissance étrangère. Si ce pouvoir refuse les droits et privilèges des sujets à un peuple sur lequel il exerce sa souveraineté et le gouverne selon ses propres intérêts imaginés, avec un mépris systématique et persistant du bien-être du peuple ainsi gouverné, la résistance est un droit. et peut devenir un devoir. Enfin, la fonction du gouvernement est de maintenir un ordre juste et bienfaisant ; un gouvernement perd ses droits lorsqu'il manque à cette fonction ; et les droits ainsi perdus reviennent au peuple mal gouverné.

Chapitre XIII.

Casuistique.

La casuistique est l'application des principes généraux de la morale à *des cas individuels* dans lesquels il est possible de s'interroger sur le devoir. La question peut porter sur l'obligation ou la légitimité d'un acte particulier, sur le choix entre deux solutions alternatives, sur la mesure ou la limite d'un devoir reconnu, ou sur les motifs de préférence lorsqu'il semble y avoir un conflit. de devoirs. Une grande proportion de ces cas disparaissent sous toute vision juste de l'obligation morale. La plupart des questions de conscience trouvent leur origine dans un manque de conscience. Celui qui est déterminé à faire le bien, tout le bien, et rien que le bien, est rarement incapable de savoir ce qu'il doit faire. Mais lorsqu'il s'agit d'échapper à tous les devoirs difficiles qui peuvent être omis sans honte ni conscience claire du mal, et de se rapprocher le plus possible de la frontière entre le bien et le mal sans la franchir, les questions qui se posent sont souvent déroutantes et compliquées, et elles sont de celles qui, dans l'intérêt de la vertu, peuvent à juste titre rester sans réponse. Il y a toujours ceux dont le but n'est pas d'atteindre un niveau de bonté défini, encore moins indéfiniment élevé, mais d'être sauvé des conséquences pénales d'un acte répréhensible ; et il y a même des (soi-disant) religieux, ainsi que des enseignants, chez qui cette indemnité négative du châtiment remplit tout le sens du terme sacré et significatif de *salut* . Il faut avouer que des questions qui ne pouvaient émaner que de tels esprits fournissent une très grande partie des traités de casuistique, souvent volumineux et lourds, qui nous sont parvenus des temps anciens, notamment de ceux des moralistes jésuites, dont l'effort principal est de tracer une frontière juste au-delà des limites du mal et du mal reconnus.

Il existe pourtant **des cas dans lesquels les personnes les plus consciencieuses peuvent douter de ce droit** . Nous ne pouvons indiquer ici que les principes généraux sur la base desquels de telles affaires doivent être tranchées, avec très peu d'illustrations spécifiques.

La question du devoir est souvent une question , non pas de principe, mais **de fait** . C'est le *cas* , la position et les relations des personnes ou des objets concernés, que nous ne comprenons pas complètement. Par exemple, lorsqu'un nouvel appel est lancé pour solliciter notre aide charitable, en travail ou en argent, la question n'est pas de savoir s'il est de notre devoir de contribuer à une œuvre de véritable bienfaisance, mais si, pour le but proposé et sous la direction de ceux qui qui lancent cet appel, notre travail ou notre argent seront investis de manière lucrative au service de l'humanité. Il existe certainement des associations et des entreprises de bienfaisance pour les fins les plus nobles, dont l'utilité réelle est sujette aux plus graves doutes. Il est parfois difficile même de trancher une question de justice ou d'équité, simplement parce que les circonstances de l'affaire, pour autant que nous puissions les comprendre, ne définissent pas le droit. Les instances de cette classe pourraient être multipliées ; mais ce sont tous des cas dans lesquels il n'y a aucune obscurité quant à notre obligation ou devoir, et donc aucune question de casuistique morale. Cependant, nous sommes évidemment tenus, par des considérations d'aptitude, de rechercher les informations les plus complètes en notre pouvoir dans chaque cas dans lequel nous sommes obligés d'agir, ou jugeons opportun d'agir ; nous ne pouvons pas non plus considérer l'action sans connaissance, même si le motif est vertueux, comme sûre ou irréprochable.

La mesure ou la limite du devoir est pour de nombreuses personnes consciencieuses une question sérieuse. Ici, une définition exacte est difficilement possible, et une liberté généreuse peut être accordée au goût ou au jugement individuel ; pourtant, des considérations d'aptitude fixent des limites à cette liberté. Ainsi, une culture personnelle directe et expresse est un devoir qui incombe à tous, mais dans lequel la diversité des inclinations peut rendre des degrés de diligence très différents également appropriés et justes ; mais toute industrie égocentrique est à juste titre limitée par des obligations domestiques, sociales et civiques. Ainsi aussi, les actes directs de bienfaisance incombent évidemment à tous ; mais le degré de sacrifice de soi pour des fins bienfaisantes n'a pas besoin, et même, ne devrait pas être le même pour chacun ; et tandis que nous tenons dans la plus haute admiration ceux qui mettent tout ce qu'ils ont et sont au service de l'humanité, nous n'avons aucune raison de sous-estimer notre estime pour ceux qui sont simplement bons et généreux, alors qu'en même temps ils travailler, dépenser ou épargner pour leur propre bénéfice. En fait, le monde a autant besoin de la seconde que de la première. Si le nombre de philanthropes dévoués était trop important, une grande partie des affaires et du travail nécessaires à la vie resteraient inachevés ; et si les donneurs qui se renoncent constituaient un corps très nombreux, les classes dépendantes et mendiantes seraient beaucoup plus nombreuses qu'elles ne le sont ; tandis que la suppression des dépenses pour les objets personnels paralyserait l'entreprise industrielle et arrêterait la création de cette richesse générale qui contribue au confort et au bonheur général, ainsi que l'accumulation de ces grandes fortunes qui sont inestimables comme fonds de sécurité et fonds de mouvement pour l'économie. toute la communauté.

Il existe des cas dans lesquels il existe manifestement un **conflit de devoirs**. Cela se produit le plus souvent entre prudence et bienfaisance. Jusqu'à un certain point, ils coïncident. Aucun homme prudent ne se permettra de contracter des habitudes antisociales, égoïstes ou avares, ou de négliger les bons offices ordinaires et les charités communes de la vie. Mais est-on obligé de transcender les limites de la prudence et, sans aucun motif spécifique d'obligation personnelle, d'encourir une perte, des difficultés ou un péril pour le compte d'une autre personne ? L'un est sans aucun doute obligé de faire tout ce qu'il peut raisonnablement attendre d'un autre, si leurs positions étaient inversées ; mais est-ce son devoir de faire plus que cela ? En réponse, il faut admettre que celui qui, dans un tel cas, laisse la prudence limiter sa bienfaisance, a fait tout ce que le devoir exige absolument ; mais, proportionnellement à la chaleur de sa bienveillance et à la hauteur de son esprit et de son caractère, il se verra contraint de transcender cette limite et de sacrifier la prudence à la bienfaisance. Ainsi, pour prendre un exemple dans une catégorie d'événements assez fréquents, si je vois un homme en danger de se noyer, il est évidemment de mon devoir de faire tout ce que je peux pour le sauver sans mettre ma propre vie en danger. Mais je ne lui dois rien de plus. Ma propre vie est précieuse pour moi et pour ma famille, et j'ai le droit de la considérer ainsi. Je ne mériterai ni censure ni reproche si je refuse de m'exposer à un péril imminent. Pourtant, si j'ai la générosité et le courage qui appartiennent à une nature vraiment noble, je ne me contenterai pas de faire plus que cela, je risquerai ma propre sécurité s'il y a des raisons d'espérer que mes efforts aboutiront. ; et ce faisant, j'accomplirai un acte de vertu héroïque. Le même principe s'appliquera à l'exposition, au danger et aux sacrifices de toute sorte, engagés pour la sécurité, le soulagement ou le bénéfice d'autrui. Nous ne transgressons aucune loi positive du droit lorsque nous omettons de faire pour les autres plus que ce à quoi nous pourrions légitimement nous attendre si nous étions à leur place. La prudence dans un tel cas est notre droit. Mais c'est un droit auquel il est plus noble de renoncer que de conserver ; et la volonté et le degré avec lesquels nous sommes disposés à y renoncer peuvent être considérés comme un juste critère de notre croissance morale et de notre force.

Sous le titre de **Justice** , avec la large portée que nous lui avons donnée, il peut y avoir un conflit apparent de devoirs, et il existe certaines lois évidentes de préséance qui peuvent couvrir tous ces cas. Nous devrions d'abord dire que nos obligations envers l'Être suprême ont un droit primordial au-dessus de tous les devoirs envers les êtres inférieurs, si nous n'avions pas des raisons de croire que Dieu n'est en aucune manière aussi véritablement adoré et servi que par des actes de justice et de miséricorde envers ses enfants. Le Divin Maître nous a fait comprendre, non pas qu'il n'y a pas de temps ni de lieu trop sacrés pour la charité, mais que les temps et les lieux saints ont leur plus haute consécration dans l'amour envers l'homme qu'inspire l'amour envers Dieu.

A l'égard des hommes, il est à peine besoin de dire que la justice (au sens restreint et ordinaire du mot) **a la préséance sur la charité** . En effet, sans la prédominance de l'injustice – individuelle, sociale et civique – il n'y aurait guère de place pour l'exercice actif de la charité. Le désir vient presque entièrement du mal. Si la justice était universelle, c'est-à-dire si les droits et privilèges qui appartiennent dignement aux hommes en tant qu'hommes étaient étendus et rendus accessibles par toutes les classes et conditions d'hommes, il y aurait encore de grandes inégalités de richesse et de condition sociale ; mais une pauvreté abjecte et sordide ne pouvait guère exister. Dans presque tous les cas individuels, le refus ou le retard de la justice tend plus ou moins directement à la création des maux mêmes que la charité soulage. Aucune générosité ne peut donc pallier l'injustice ou se substituer à la justice.

En ce qui concerne les personnes à qui nous devons des offices de bonté ou de charité, il est évident que **celles qui nous sont liées par consanguinité ou affinité ont les premiers droits** . Ces relations comportent tous les éléments d'une alliance naturelle de défense et d'entraide mutuelles ; et il est impossible que leurs devoirs essentiels soient fidèlement remplis et leurs aptitudes dûment observées, sans créer des sympathies qui, en cas de besoin, trouveront leur expression dans une charité active. Au rang suivant, nous pouvons à juste titre placer nos bienfaiteurs, si leur état est tel qu'ils exigent une récompense pour leurs aimables offices en notre faveur. La proximité du lieu peut ensuite être envisagée ; car le fait même que les besoins de nos voisins sont ou peuvent être à notre connaissance les recommande particulièrement à notre charité et nous permet d'être d'autant plus judicieux et plus efficace dans leur secours. En fait, dans les petites communautés, où les habitations des riches et des pauvres sont dispersées, une reconnaissance générale des droits du voisinage à la charité couvrirait le domaine de la bienfaisance active avec une efficacité qu'on ne peut atteindre autrement et à un coût considérablement réduit. coût en temps et en substance. Il existe encore un autre type de quartier, consacré à notre observance respectueuse par la parabole du Bon Samaritain. Il y a de temps en temps des cas de besoin et de souffrance portés, sans que nous le cherchions, sous notre regard immédiat, — jetés, pour ainsi dire, directement sur nos aimables fonctions. La personne ainsi recommandée est, pour le moment, notre plus proche voisin, voire notre plus proche parent, et les circonstances mêmes qui l'ont placé dans cette relation avec nous, en font à juste titre le premier objet de notre charité.

La question se pose parfois de savoir **si nous devons accorder un bénéfice immédiat, mais passager, ou un bien plus lointain, mais permanent** . Si les deux sont incompatibles et que la première n'est pas une nécessité absolue, la seconde est à privilégier. Ainsi, un emploi rémunérateur est bien plus bénéfique que l'aumône à un homme valide, et il vaut mieux qu'il souffre d'un certain degré de gêne jusqu'à ce qu'il puisse gagner une condition plus confortable, plutôt que de lui faire d'abord ressentir la dépendance du paupérisme. Pourtant, si son besoin est entier et urgent, le retard dans les secours immédiats fait partie de la cruauté. Pour des raisons similaires, la bienfaisance qui englobe une catégorie de cas ou de personnes doit être préférée aux actes particuliers de bonté envers les individus. Il semble donc dur de refuser l'aumône à un mendiant inconnu ; mais comme de tels secours abritent une grande quantité de fraude, d'oisiveté et de vice, il vaut bien mieux que nous soutenions, par des contributions proportionnées à nos capacités, un système par lequel les cas de besoin réel, et ceux-là seulement, peuvent être promptement traités. et convenablement soignés, et que nous refusions ensuite, même à contrecœur, notre aumône aux candidats au mérite douteux.

Chapitre XIV.

Histoire ancienne de la philosophie morale.

Les nombreux **systèmes éthiques** qui ont eu cours à des époques antérieures ou ultérieures peuvent être divisés en deux classes : l'une englobe ceux qui font de la vertu un moyen ; l'autre, ceux qui en font une fin. Selon le premier, la vertu doit être pratiquée pour le bien qui en résultera ; selon ce dernier, pour lui-même, pour son excellence intrinsèque. Ces classes ont des subdivisions évidentes. La première inclut à la fois la théorie égoïste et la théorie utilitariste ; tandis que cette dernière embrasse une grande diversité de points de vue quant à la nature, au critère et au critère de la vertu, selon qu'elle consiste, croit-on, en conformité avec la convenance des choses, en harmonie avec un goût simple, en accord avec l'intérieur. sens moral, ou en obéissance à la volonté de Dieu. Il existe également des théories des frontières, qui mélangent, ou plutôt juxtaposent, les idées qui sous-tendent respectivement les deux classes.

Il est proposé, dans le présent chapitre, de donner un aperçu de **l'histoire de la philosophie éthique en Grèce et à Rome** , ou plutôt en Grèce ; car Rome n'avait pas de philosophie qui ne soit née en Grèce.

Socrate était moins un philosophe moral qu'un prédicateur de vertu. Autorisé censeur et réformateur, il dirigeait ses invectives et son ironie principalement contre les sophistes, dont la principale caractéristique en matière de philosophie semble avoir été la négation de la vérité objective, et donc du droit absolu et déterminé. Socrate, contrairement à eux, cherche à faire ressortir le devoir à partir des occasions de son exercice, obligeant ses interlocuteurs à définir le droit et l'obligation à partir de la nature des choses telles qu'elles sont présentées à leur propre conscience et à leur réflexion. Platon le représente, chaque fois qu'il s'agit d'une question morale, comme sondant le fond même de l'affaire, et en tirant la réponse comme d'un oracle divin.

Platon défendait essentiellement le même point de vue, comme on peut le voir dans son identification du Vrai, du Beau et du Bien ; mais il est impossible de tracer dans ses écrits les grandes lignes d'un système éthique défini, qu'il soit le sien ou celui dérivé de son grand maître.

Les trois **principales écoles de philosophie éthique en Grèce** étaient la péripatéticienne, l'épicurienne et la stoïcienne.

Les **Péripatéticiens** tiraient leur philosophie d'Aristote et leur nom de son habitude de se promener sous les platanes du Lycée. Selon lui, la vertu est une conduite tellement conforme à la nature humaine qu'elle conserve tous ses appétits, penchants, désirs et passions, dans un contrôle et une limitation mutuels. Cela consiste à fuir les extrêmes. Ainsi le courage est à mi-chemin entre la lâcheté et la témérité ; la tempérance, entre excès et abnégation ; la générosité, entre prodigalité et parcimonie ; douceur, entre irascibilité et pusillanimité. Le bonheur est considéré comme le bien suprême ; mais même si cela ne peut être atteint sans la vertu, la vertu seule n'y parviendra pas. Le bonheur requiert en outre certains avantages extérieurs, tels que la santé, la richesse, les amis, qu'un homme bon recherchera donc par tous les moyens licites. Aristote a mis l'accent sur la culture des vertus domestiques, représentant à juste titre le foyer comme le type, tout autant que la crèche, de l'État, et le bien-être politique de l'État comme dépendant du style de caractère chéri et manifesté. dans la vie familiale de ses membres.

Il y a des raisons de croire que **le caractère personnel d'Aristote** était conforme à sa théorie de la vertu, qu'il suivait la voie du milieu plutôt que la voie plus ardue de la perfection morale. Bien qu'une grande partie de son temps ait été passée à Athènes, il était originaire de Macédoine et résidait pendant plusieurs années à la cour de Philippe en tant que précepteur d'Alexandre, avec qui il entretint des relations amicales pendant la plus grande partie de la vie de son élève royal. Concernant ses liens avec la cour macédonienne et les affaires publiques, il existe plusieurs histoires qui l'impliquent de manière déshonorante dans des intrigues politiques, et bien qu'il n'y en ait aucune qui ne soit niée, et aucune qui ne repose sur une autorité historique compétente, de telles traditions ne sont pas. susceptibles de se regrouper au point de brouiller la juste renommée d'un homme solidement incorruptible, mais sont beaucoup plus susceptibles de s'accrocher à la mémoire d'un régleur et d'un serveur de temps.

Épicure, dont la philosophie épicurienne tire son nom, fut pendant de nombreuses années professeur de philosophie à Athènes. C'était un homme aux habitudes simples, pures, chastes et sobres ; des temps plus récents — ont déduit, malgré toutes les preuves contemporaines, qu'il avait un caractère dépravé, parce qu'ils pensaient que sa philosophie aurait dû le rendre tel.

Il a représenté **le plaisir comme le bien suprême** et sa capacité à produire du plaisir comme le seul critère selon lequel tout acte ou toute habitude doit être jugé. Sur ce terrain, la recherche du plaisir devient le premier, ou plutôt le seul devoir. « Faites ce qui vous plaît » est la maxime fondamentale de la morale. Il n'y a pas de distinction intrinsèque ou permanente entre le bien et le mal. Seule l'expérience individuelle peut déterminer le droit, qui varie selon les différences de goût, de tempérament ou de culture. Il y a cependant quelques plaisirs qui sont plus que contrebalancés par les peines encourues pour les procurer, ou par celles occasionnées par eux ; et il y a aussi des douleurs qui sont le moyen de plaisirs plus grands qu'eux-mêmes. Le sage mesurera donc et gouvernera sa conduite, non pas en fonction du plaisir du moment, mais en référence aux effets futurs et ultimes des actes, des habitudes et des lignes de conduite sur son bonheur. Ce qu'on appelle les vertus, comme la justice, la tempérance, la chasteté, ne valent pas mieux en elles-mêmes que leurs contraires ; mais l'expérience a montré qu'ils augmentent l'ensemble du plaisir et diminuent l'ensemble de la douleur. Ce sont donc, et donc seuls, des devoirs. La grande valeur de la philosophie consiste à permettre aux hommes d'évaluer la durée relative et les conséquences permanentes, ainsi que l'intensité immédiate, de toute forme de plaisir.

Épicure précise **deux sortes de plaisir** , celui du repos et celui du mouvement. Il préfère le premier. L'action a sa réaction ; l'excitation est suivie par la dépression ; l'effort, par la lassitude ; penser pour les autres implique de perturber sa propre paix. Les dieux, selon Épicure, mènent une vie facile et sereine, laissent l'univers extérieur se débrouiller seul, sont totalement indifférents aux affaires humaines et sont rendus ineffablement heureux par l'absence totale de travail, de besoin et de soucis ; et l'homme devient le plus divin et le plus heureux, donc le plus vertueux, lorsqu'il flotte dans la vie, indemne et indemne, oisif et inutile, autonome et suffisant, simple dans ses goûts, modéré dans ses exigences, frugal dans ses habitudes.

On peut se demander **si Épicure désignait par plaisir** [18] **le simple plaisir physique seul** . Il est certain que ses disciples ultérieurs considéraient les plaisirs du corps comme le seul bien ; et Cicéron dit qu'Épicure lui-même rapportait tous les plaisirs de l'intellect à la mémoire du passé et à l'espoir de satisfactions sensuelles futures. Pourtant, nous avons conservé un extrait d'une lettre d'Épicure, dans laquelle il dit que ses propres douleurs corporelles au cours de ses années de décrépitude sont contrebalancées par le plaisir tiré du souvenir de ses travaux et découvertes philosophiques.

L'épicurisme comptait parmi ses disciples , non seulement **des hommes d'une vertu approuvée** , mais aussi un certain nombre, comme Pline le Jeune, d'un type de vertu plus actif qu'Épicure n'aurait jugé compatible avec le plaisir. Mais avec le temps, elle devint le prétexte et le couvert de la sensualité la plus grossière ; et les associations que le lecteur non instruit entretient avec ce nom ne sont renforcées que par la conversation avec la littérature à laquelle il a donné naissance. Horace en est le poète lauréat ; et il était évidemment aussi sincère dans sa philosophie que licencieux dans sa vie. Il y a un certain charme dans la bonne foi et l'honnêteté, même lorsqu'on est du côté du mal et du vice ; et c'est sa parfaite franchise, sa complaisance, voire son éloge de lui-même, dans une sensualité qui, dans une simple prose, semblerait tour à tour insipide et dégoûtante, qui rend Horace même dangereusement fascinant, de sorte que les gardiens de la morale publique peuvent bien être reconnaissant que pour les jeunes, son approche soit empêchée par les formidables barrières de la grammaire et du dictionnaire.

Tandis que l'épicurisme générait ainsi, d'une part, chez les hommes du monde un laxisme à l'égard des principes et des habitudes morales, d'autre part, chez les esprits plus contemplatifs, il **tombait dans l'athéisme** . De dieux inutiles, insouciants des affaires humaines, la transition était naturelle vers une croyance en l'absence de dieux. L'univers , qui pouvait se préserver et se gouverner lui-même, aurait certainement pu naître sans cause ; car les tendances qui, sans un pouvoir de surveillance, maintiennent l'ordre dans la nature, la continuité dans le changement, une vie toujours nouvelle issue d'une mort incessante, doivent être des tendances inhérentes à la combinaison, à l'harmonie et à l'organisation, et peuvent ainsi expliquer l'origine du système. qu'ils soutiennent et renouvellent. Ce type d'athéisme trouve son exposition la plus authentique dans le « De Rerum Natura » de Lucrèce. Il ne nie pas, en tant de termes, l'existence des dieux ; il parle même d'eux comme menant une vie reposante, retirés de tout souci des affaires mortelles ; mais il se moque tellement de toute reconnaissance pratique d'eux, et se moque tellement du respect et de la crainte que la multitude professe pour eux, que nous sommes contraints de les considérer plutôt comme l'imagerie de ses vers que comme les objets de sa foi. Il maintient l'éternité passée de la matière, qui est constituée d'atomes ou de monades de formes diverses. Ceux-ci, dérivant dans l'espace et se heurtant les uns aux autres, par une série d'heureux hasards, tombèrent dans des relations ordonnées et des symétries étroites, d'où, successivement et par une nécessité inhérente aux atomes primitifs, naquirent l'organisation, la vie, instinct, amour, raison, sagesse. Ce poème a une valeur particulière à l'heure actuelle, car il coïncide étroitement dans sa cosmogonie avec l'une des phases les plus récentes de la philosophie physique et montre que ce qui s'appelle progrès peut être un mouvement en cercle.

Les **Stoïciens** , ainsi appelés d'après un portique [19] orné de magnifiques peintures de Polygnote, dans lequel leurs doctrines furent pour la première fois enseignées, doivent leur origine à Zénon, qui vécut jusqu'à un très grand âge, illustre par la maîtrise de soi, la tempérance et le type le plus sévère. de vertu, et enfin, conformément à un dogme et à une pratique favoris de son école, lorsqu'il découvrit qu'il n'avait devant lui qu'une infirmité croissante sans espoir de guérison, il mit fin à sa vie de sa propre main.

Selon la philosophie stoïcienne, **la vertu est la seule fin de la vie** , et la vertu est la conformité de la volonté et de la conduite à la nature universelle. La vertu seule est bonne ; le vice seul est mauvais ; et tout ce qui n'est ni vertu ni vice n'est ni bon ni mal en soi, mais doit être recherché ou évité, selon qu'il est auxiliaire de la vertu ou propice au vice, voire qu'il doit être considéré avec une totale indifférence. La vertu est indivisible. Il n'admet pas de diplômes. Celui qui ne fait que se rapprocher de la vertu, aussi proche soit-il, n'est pourtant pas considéré comme hors de son cadre. Seul le sage peut être vertueux. Il n'a besoin d'aucun précepte de devoir. Il faut toujours faire confiance à ses intuitions. Son sens du droit ne peut être aveuglé ou induit en erreur. Quant à ceux qui n'occupent pas ce haut terrain philosophique, même s'ils ne peuvent pas être vraiment vertueux, ils peuvent néanmoins présenter une apparence et un semblant de vertu, et ils peuvent être aidés en cela par des préceptes et une instruction éthique. [20] C'est pour le bénéfice de ceux qui, en raison de leur manque de vraie sagesse, avaient besoin d'une telle direction, et étaient en même temps si bien disposés à la recevoir et à la suivre, que des traités de morale pratique furent écrits par beaucoup d'entre eux. plus tard, les stoïciens, et qu'il y avait à Rome des professeurs de cette école qui exerçaient des fonctions très analogues à celles du prédicateur et du pasteur chrétien.

Le stoïcisme a trouvé **son terrain le plus propice** dans l'intégrité et le patriotisme austères et robustes de ces Romains, dont la vertu incorruptible est l'unique trait rédempteur des jours déclinants de la République et de la mollesse et de la grossière dépravation de l'Empire. Les écrits éthiques de Sénèque [21] sont presque chrétiens, non seulement dans leur réprimande fidèle de toute forme de mal, mais dans leur tendre humanité envers les pauvres, les esclaves, les victimes de l'oppression, dans leur philanthropie universelle et dans leurs préceptes de patience face à la souffrance. , la patience, le pardon et le retour du bien pour le mal. Épictète, l'esclave difforme d'un maître capricieux et cruel, battu et estropié par simple impudence, affranchi dans ses dernières années, pour ensuite être poussé à l'exil et sonder les plus bas abîmes de la pauvreté, a fait preuve d'un type de vertu héroïque qui a à peine été égalé, peut-être jamais transcendé par un simple mortel; et bien qu'il ait considéré, comme on l'a déjà dit, l'anéantissement comme le but de la vie, il a maintenu un esprit si joyeux et a laissé dans ses écrits une image si attrayante d'une âme sereine et suprêmement heureuse, qu'il a apporté soutien et consolation. à des multitudes des disciples les plus courageux et les meilleurs de la religion née du ciel, qu'il ne peut avoir connue – voire pas du tout – qu'à travers ses calomniateurs et ses persécuteurs. Marc Aurèle, dans une âme sœur, et sous les fardeaux encore plus lourds d'un empire chancelant, de dissensions intérieures, de défaites et de désastres à l'étranger, maintint la simplicité et la pureté de vie les plus sévères, s'appropria une partie de ses journées les plus occupées à une contemplation pieuse, médita constamment sur la mort, et se disciplina à considérer avec mépris à la fois l'éloge des flatteurs et l'éventualité d'une renommée posthume. Nous avons, en particulier sous le règne de Néron, le récit de nombreux hommes et femmes de même esprit et de même caractère, à qui il manquait seulement une foi aimante et une confiance indubitable en une Providence paternelle pour les assimiler au premier parmi les apôtres et les martyrs. de l'Église chrétienne.

L'école de philosophie sceptique revendique à ce sujet une brève remarque. Bien qu'identifié dans le langage courant au nom d'un seul philosophe, le pyrrhonisme étant synonyme de scepticisme, il était beaucoup plus ancien que Pyrrhon et dépassait largement en nombre ses partisans avoués. Les enseignants de cette école pensaient que la vérité objective était inaccessible. Non seulement les perceptions et les conceptions des différentes personnes varient quant à chaque objet de connaissance ; mais les perceptions et les conceptions des mêmes personnes quant au même objet varient selon les époques. Bien plus, en même temps un sens transmet des impressions qu'un autre sens peut négativer, et il n'est pas rare que la faculté réflexive rejette toutes les impressions dérivées des sens et forme une conception entièrement différente de celle qui aurait pris forme à travers les organes des sens. . L'âme qui cherche à savoir est donc en constante agitation. Mais le bonheur consiste dans l'imperturbabilité de l'esprit, c'est-à-dire dans l'attente du jugement ; et comme il est de notre devoir de promouvoir notre propre bonheur, il est de notre devoir de vivre sans désir ni peur, sans préférence ni aversion, sans amour ni haine, dans une apathie totale, une vie dont le cercueil légendaire de Mahomet est le symbole le plus approprié.

La **Nouvelle Académie** , dont la philosophie était un hybride de platonisme et de pyrrhonisme, tout en niant la possibilité de déterminer la vérité objective, enseignait néanmoins que sur tous les sujets de philosophie spéculative, la probabilité est accessible et que, si le sujet en question est celui qui admet Lorsqu'on agit, il est du devoir de l'agent moral d'agir conformément à la probabilité, de poursuivre la voie en faveur de laquelle des raisons plus nombreuses et meilleures peuvent être données. Il existe des actes moraux et des habitudes qui semblent conformes à la raison et à la nature des choses. Nous pouvons nous tromper en le pensant ainsi ; pourtant, la probabilité qu'ils le soient crée une obligation morale en leur faveur. La Nouvelle Académie a proféré un acquiescement hypothétique à l'éthique de l'école péripatéticienne, soutenant donc que le juste milieu entre deux extrêmes est probablement conforme au droit et au devoir, et que la vertu est probablement le plus grand bien de l'homme, mais probablement pas suffisante en elle-même sans l'ajout d'avantages extérieurs.

Cicéron se considérait comme appartenant à la Nouvelle Académie. Ses instincts d'avocat, souvent amenés par des exigences professionnelles à nier ce qu'il avait affirmé précédemment, lui rendirent sympathique le scepticisme de cette école ; tandis que son amour de l'aisance et du luxe élégants et son manque de courage moral étaient plus en harmonie avec l'éthique pratique des péripatéticiens qu'avec le système plus rigide des stoïciens. En même temps, son goût moral pur et son respect sincère pour le droit le faisaient sympathiser avec l'école stoïcienne. Son « De Officiis » est une exposition du système éthique stoïcien, bien que rédigé par le disciple déclaré d'une autre philosophie. C'est comme si un mahométan, sans renier sa propre religion, entreprenait un exposé de l'éthique du christianisme, en partant du principe que, bien que Mahomet fût un véritable prophète, il y avait néanmoins une moralité plus élevée et plus pure dans le Nouveau Testament que celle que l'on retrouve dans le Nouveau Testament. dans le Coran.

Chapitre XV.

Histoire moderne de la philosophie morale.

Pendant plusieurs siècles après la destruction de l'Empire d'Occident, la philosophie n'existait guère que dans ses archives, et celles-ci étaient conservées principalement pour leur parchemin, à moitié effacé, recouvert par ce qui tenait lieu de littérature au (soi-disant) Âge des Ténèbres. , et enfin déchiffré par un labeur aussi minutieux et fastidieux que seuls les cloîtres médiévaux ont jamais fourni. Pendant longtemps, les monastères furent les seules écoles, et dans celles-ci les savants de l'époque furent, soit successivement, soit alternativement, apprenants et professeurs, d'où l'appellation d' *Ecoliers* . Les savants qui portent ce nom étaient friands de casuistique et discutaient avec beaucoup de peine de cas imaginaires et souvent impossibles (leurs lecteurs en auraient davantage) ; mais, autant que nous le sachions, ils n'ont laissé aucun traité systématique de philosophie morale et n'ont transmis aucun système qui leur doive ses traits distinctifs. Pourtant, nous trouvons parmi eux une très large division d'opinion quant au fondement du droit. La position fondamentale des stoïciens, selon laquelle la vertu est conforme à la nature, et donc indépendante de la législation expresse, non créée par la loi, humaine ou divine, mais source et origine de la loi, avait ses défenseurs, forts, mais peu nombreux ; tandis que la théologie augustinienne, alors presque universelle, remplaçait l'épicurisme dans sa négation des qualités morales intrinsèques et indélébiles des actions. Les augustins extrêmes considéraient le commandement positif de Dieu comme la seule cause et fondement du droit, de sorte que les choses mêmes qui sont interdites sous les peines les plus sévères deviendraient vertueuses et louables, si elles étaient ordonnées par l'autorité divine. Guillaume d'Ockham, l'un des scolastiques anglais les plus illustres, a écrit : « Si Dieu commandait à ses créatures de se haïr, la haine de Dieu serait le devoir de l'homme. »

La **première théorie moderne** de la morale qui présentait des particularités frappantes était celle de **Hobbes** (1588-1679 AP. J.-C.), qui ne devait qu'au stress de son époque, tant pour son système que pour le peu d'adeptes qu'il a pu avoir. Il fut dès son enfance un fervent royaliste, fut peu après avoir quitté l'université le précepteur d'un noble fidèle et, par la suite, de Charles II. pendant les premières années de son exil ; et les outrages parlementaires et puritains lui semblaient dirigés contre tout ce qui était auguste et révérend, et adaptés pour renverser la société, faire reculer le progrès et écraser la civilisation. Selon lui, les hommes sont par nature ennemis les uns des autres et ne peuvent être retenus de l'hostilité intestine que par la force ou la peur.

Une perception instinctive de cette vérité dès l'enfance de la société a donné naissance à des formes de gouvernement monarchiques et absolues ; car ce n'est qu'en centralisant et en massant ainsi le pouvoir, qui pourrait être dirigé contre tout trouble à l'ordre public, que les membres individuels de la société pourraient conserver leurs biens et leur vie en sécurité. Le roi règne donc en vertu de la nécessité humaine, et l'obéissance à lui et aux autorités constituées sous lui est tout le devoir de l'homme et la somme de la vertu. La force crée le droit. La conscience n'est qu'un autre nom pour la peur du châtiment. Le lien étroit entre la religion et la liberté civile dans le Commonwealth anglais a sans aucun doute contribué grandement à déraciner chez Hobbes toute foi religieuse ; et bien qu'il n'ait pas ouvertement attaqué le christianisme, il a maintenu le devoir d'entière conformité à la religion du monarque, quelle qu'elle soit, ce qui équivaut bien sûr au déni de la vérité religieuse objective.
[22]

Hobbes peut à juste titre être considéré comme **le père de la philosophie éthique moderne** , non qu'il ait eu des enfants à son image ; mais ses spéculations étaient si révoltantes aussi bien pour les hommes réfléchis que pour les hommes sérieux, qu'elles suscitaient l'enquête et stimulaient l'activité mentale dans un domaine auparavant négligé.

Le défi ainsi lancé par Hobbes fut relevé par **Cudworth** (1617-1688 APRÈS JC), l'homme le plus érudit de son temps, dont le « Système intellectuel de l'univers » est un prodige d'érudition, un ouvrage dans lequel sa propre pensée est tellement encombré de citations, d'autorités et de masses de connaissances obscures, qu'il est à peine possible de retracer les méandres de la rivière à la recherche des débris de roches aurifères qui obstruent son écoulement. Le traité qui nous intéresse est celui sur la « Moralité éternelle et immuable ». En cela il soutient que le droit existe, indépendamment de toute autorité, par la nature même des choses, en coéternité avec l'Être Suprême. Il est si loin d'admettre la possibilité d'une dissilience entre la volonté divine et le droit absolu, qu'il renverse la situation sur ses adversaires, et classe parmi les athées ceux de ses contemporains qui soutiennent que Dieu peut commander ce qui est contraire au droit intrinsèque ; qu'il n'a aucune inclination pour le bien de ses créatures ; qu'il peut à juste titre condamner un être innocent aux tourments éternels ; ou que tout ce que Dieu veut, c'est juste parce qu'Il le veut.

Samuel Clarke (1675-1729 APRÈS J.-C.) suivit Cudworth dans la même ligne de pensée. Il fut, croit-on, le premier écrivain à utiliser le terme *d'aptitude* pour définir le fondement du droit immuable et éternel, bien que l'idée d'aptitude sous-tend nécessairement tout système ou théorie qui attribue à la vertu une validité intrinsèque.

Shaftesbury (1671-1713 APRÈS J.-C.) représente la vertu comme résidant non pas dans la nature ou les relations des choses, mais dans l'influence des actions sur le bien-être ou le bonheur d'êtres autres que l'acteur. La bienveillance constitue la vertu ; et le mérite de l'action et de l'acteur est déterminé par le degré avec lequel des affections particulières se fondent dans la philanthropie générale, et il est fait référence non pas à des bénéficiaires ou à des bénéfices individuels, mais à l'ensemble du système de choses dont l'acteur forme un élément. partie. Les affections dont proviennent de tels actes se recommandent au sens moral et sont nécessairement des objets d'estime et d'amour. Mais le sens moral ne connaît que les affections, et non les actes eux-mêmes ; et comme les normes conventionnelles du désirable et de l'utile varient selon la race, l'époque et la culture, les actes suscités par les affections, et qui sont par conséquent vertueux, peuvent être à une époque ou dans un pays tels que les gens d'un autre siècle ou d'un autre pays peuvent le faire. répudier avec haine. Las Casas, en introduisant l'esclavage des nègres en Amérique, dans le but fervent et bienveillant de soulager les misères des aborigènes faibles et surchargés de travail, a accompli, selon cette théorie, un acte vertueux ; mais s'il avait un jour réfléchi à la question du droit intrinsèque ou de l'aptitude naturelle, un nom si dignement honoré n'aurait jamais été associé au crime le plus ignoble de la civilisation moderne.

Selon **Adam Smith** (1723-1790 APRÈS JC), les distinctions morales dépendent entièrement de la sympathie. Nous approuvons chez les autres ce qui correspond à nos propres goûts et habitudes ; nous désapprouvons tout ce qui leur est opposé. Quant à notre propre conduite, « nous nous considérons, écrit-il, comme les spectateurs de notre propre conduite, et nous nous efforçons d'imaginer quel effet cela produirait en nous sous cet angle ». Notre sens du devoir vient entièrement du fait que nous nous mettons ainsi à la place des autres et que nous demandons ce qu'ils approuveraient en nous. La conscience est donc une faculté collective et corporative, et non une faculté individuelle. Il est créé par les opinions dominantes de la communauté. Il ne peut y avoir de vertu solitaire ; car sans sympathie, il n'y a pas d'auto-approbation. Par parité de raison, le devoir de l'individu ne peut jamais transcender la conscience moyenne de la communauté. Cette théorie décrit la société telle qu'elle est et non telle qu'elle devrait être. Nous sommes, à un triste degré, conventionnels dans notre pratique, bien plus que dans nos croyances ; mais c'est le propre de la vraie virilité d'avoir la conscience un organe intérieur et non externe, de former et d'actualiser les notions de droit et de devoir pour soi-même, et de se tenir debout et de marcher seul, si besoin est, comme c'est manifestement le cas. pas quelques moments critiques, et comme cela arrive souvent dans l'expérience intérieure de tout homme qui entend accomplir son devoir.

Butler (1692-1752 APRÈS JC), dans ses « Discours éthiques », vise principalement et avec succès à démontrer la légitime suprématie de la conscience. Sa conception préférée est celle de l'être humain comme étant lui-même une maison [*une économie*], - les divers penchants, appétits, passions et affections, les membres, - la conscience, la tête, reconnue comme telle par tous, de sorte qu'il y a, quand sa souveraineté est reconnue, un repos et une satisfaction intérieures ; lorsqu'on lui désobéit, un sentiment de discorde et de rébellion, d'agitation et de perturbation. Ceci est solide et incontestable, et cela ne peut être énoncé plus clairement ni illustré de manière plus vivante que par Butler ; mais il considère manifestement la conscience comme un législateur tout autant que comme un juge, et ne reconnaît donc aucune norme objective de droit. Il est évident que, selon lui, il n'existe aucun critère permettant de réviser des jugements moraux honnêtement erronés, ni permettant de faire une distinction entre les résultats de l'éducation ou un préjudice involontaire et le droit tel que déterminé par la nature des choses et la nature des choses. niveau de condition physique intrinsèque.

De tous les écrivains éthiques modernes depuis l'époque de Cudworth et Clarke, aucun ne s'approche même de la position occupée par **Richard Price** (1723-1791 APRÈS J.-C.), divin dissident de Londres, fervent défenseur de l'indépendance américaine et ami intime de John Adams. . Il soutenait que le bien et le mal sont des caractéristiques inhérentes et nécessaires, immuables et éternelles, ne dépendant pas de la volonté ou du commandement, mais de la nature intrinsèque de l'acte, et déterminés avec une exactitude infaillible par la conscience, chaque fois que la nature du cas est clairement connue. « La morale, écrit-il, est fixée sur une base immuable et ne semble en aucun cas être factice ou la production arbitraire d'un quelconque pouvoir, humain ou divin ; mais également éternel et nécessaire en toute vérité et raison. « La vertu a une valeur intrinsèque et une obligation indispensable ; non pas la créature de la volonté, mais nécessaire et immuable ; pas local et temporaire, mais d'égale étendue et antiquité avec l'esprit divin ; il ne dépend pas du pouvoir, mais il est le guide de tout pouvoir. » [23]

Paley (1743-1805 APRÈS JC) donne une définition de la vertu, remarquable par la combinaison de trois théories partielles. La vertu, selon lui, consiste à « faire du bien à l'humanité, en obéissance à la volonté de Dieu et en vue du bonheur éternel ». De cette définition, on peut dire : 1. Faire du bien à l'humanité est en effet une vertu ; mais ce n'est en aucun cas la totalité de la vertu. 2. L'obéissance à la volonté de Dieu est notre devoir ; mais il en est ainsi, parce que sa volonté doit nécessairement être conforme à ce qui convient et à ce qui est juste. Pourrions-nous concevoir que l'Omnipotence commande ce qui est intrinsèquement inadapté et mauvais, l'homme vertueux ne serait pas le serviteur de Dieu, mais le Prométhée subissant la vengeance implacable d'une divinité injuste. 3. Bien que le bonheur éternel soit le résultat de la vertu, il n'en est ni le fondement ni la raison. Si nous étions limités à la terre, la vertu ne perdrait rien de son obligation. Epictète menait une vie aussi vertueuse que si le ciel avait été ouvert à sa foi et à son espérance. — Le système de Paley peut être décrit en détail comme celui de Shaftesbury, avec un lavage extérieur du christianisme ; Shaftesbury avait été ce qu'on appelait un libre penseur, tandis que Paley croyait sincèrement à la révélation chrétienne et contribuait largement et efficacement à la défense du christianisme et à l'illustration de ses archives. Le principal mérite du traité de philosophie morale de Paley est qu'il reconnaît clairement et avec insistance l'autorité divine des enseignements moraux du Nouveau Testament, bien qu'en les exposant, l'auteur les dilue trop souvent par des considérations d'opportunité.

Jeremy Bentham (1747-1832 APRÈS JC) est Paley *sans* le christianisme. Le plus grand bien du plus grand nombre est, selon lui, le but et le critère de la vertu. Les règles morales doivent être construites dans ce seul but ; et cela devrait être le but général de toute législation. Les œuvres de Bentham sont très volumineuses et couvrent, avec sagesse et justesse, presque tous les domaines de la vie domestique, sociale, publique et nationale. Le pire qu'on puisse dire de ses écrits politiques, c'est qu'ils sont en avance sur son temps, littéralement utopiques ; [24] car cela irait bien au pays qui était prêt à incarner ses vues. Mais malheureusement, ses principes n'ont aucun pouvoir de réalisation personnelle. Ils sont comme une montre, parfaits dans toutes les autres parties, mais sans le ressort moteur. Bentham considère l'homme individuel comme une instance plutôt que comme un tout intellectuel et moral. Il doit travailler sous le joug et sous le harnais pour des fins vastes et lointaines, au-delà de l'appréciation du commun des mortels ; et il doit subordonner toutes les affections partielles et les objectifs plus proches aux règles déduites par les sages et les législateurs à partir de considérations d'utilité générale. L'influence de Bentham sur la législation, notamment en matière de droit pénal, a été bénéfique des deux côtés de l'Atlantique. Dans le domaine de l'éthique pure, il n'y a pas de points essentiels de différence entre lui et les autres écrivains de l'école utilitariste. [25]

* * * * *

En **France,** il y a eu une grande prépondérance du sensualisme, de l'opportunisme et de l'égoïsme dans les systèmes éthiques les plus répandus. Il y a eu beaucoup de spéculations et de théories éthiques élaborées parmi les philosophes français du siècle dernier ; mais parmi eux, nous ne pouvons pas nous souvenir d'un seul écrivain qui ait défendu une position plus élevée que

Bentham, si ce n'est que Rousseau - peut-être le plus immoral de tous - qui était épicurien dans la mesure où il avait une philosophie, s'élève parfois dans des rhapsodies sentimentales sur la beauté intrinsèque. et la beauté d'une vertu dont il ne connaissait que le nom.

Malebranche (1638-1714 ap. J.-C.), dont les principaux écrits appartiennent au siècle précédent, représente des vues et des tendances tout à fait opposées. Il ne diffère guère de Samuel Clarke, sauf par la phraséologie. Il résout la vertu en amour de l'ordre universel et en conformité à lui dans la conduite. Cet ordre exige que nous appréciions et aimions tous les êtres et objets proportionnellement à leur valeur relative, et que nous reconnaissions cette valeur relative dans nos règles et habitudes de vie. Ainsi l'homme doit être plus valorisé et plus assidûment servi que les animaux inférieurs, parce qu'il vaut plus ; et Dieu doit être aimé infiniment plus que l'homme, et doit être toujours obéi et servi de préférence à l'homme, parce qu'il vaut infiniment plus que les êtres qui tirent de lui leur existence. Malebranche attribue à l'Être suprême, non l'exercice arbitraire du pouvoir pour constituer le droit, mais la reconnaissance, dans son gouvernement du monde et dans sa volonté révélée, de l'ordre qui est la seule loi de l'homme. « Les princes souverains, dit-il, n'ont pas le droit d'user de leur autorité sans raison. Même Dieu n'a pas un droit aussi misérable.

Presque à la même époque commença la controverse éthique entre **Fénélon** (1651-1715 APRÈS J.-C.) et **Bossuet** (1627-1704 APRÈS J.-C.), quant à la possibilité et à l'obligation de la vertu désintéressée. Fénélon et les quiétistes, qui sympathisaient avec lui, soutenaient que le pur amour de Dieu, sans aucune référence à soi-même ni souci de son propre bien-être, ni ici ni après, est le but et l'épreuve de la perfection humaine, et que rien au-dessous de cela, rien qui vise ou n'aspire à quelque chose de moins que cela, ne mérite le nom de vertu. Bossuet défendit la théorie égoïste de la vertu, attaqua son aimable adversaire avec une sévérité et une amertume inadmissibles, et réussit à obtenir de la cour de Rome, bien que contre la volonté du pape, la condamnation de cette doctrine odieuse. Le pape remarqua, avec une antithèse bien tournée, que Fénélon aurait pu pécher par excès dans l'amour de Dieu, tandis que Bossuet avait péché par défaut dans l'amour du prochain.

Parmi les moralistes français récents, les noms les plus distingués sont ceux de **Jouffroy** et **Cousin** , qui, chacun avec une terminologie qui lui est propre, s'accordent avec Malebranche pour considérer le bien et le mal comme des caractéristiques inhérentes et essentielles des actions, et comme ayant leur source et leur source. fondement de leur validité dans la nature des choses. Le but du traité bien connu de Cousin sur « Le Vrai, le Beau et le Bien » est purement éthique, et l'ouvrage est conçu pour identifier les trois membres de la triade platonicienne avec les attributs correspondants de l'Être Infini, attributs qui , virtuellement un, ont leur contrepartie et leur manifestation dans l'ordre de la nature et le gouvernement de l'univers.

* * * * *

En **Allemagne** , les philosophes nécessaristes de l'école panthéiste ignorent l'éthique en rendant impossible le choix et l'action morale. L'homme n'a pas de personnalité distincte et séparée. Il est pour un moment détaché en apparence de l'âme de l'univers (*anima mundi*), mais en réalité pas plus détaché d'elle qu'un rocher ou une bûche de bois flotté de la surface sur laquelle il repose. Il reste toujours une partie de l'âme universelle, le Dieu multiforme et englobant tout, qui n'est pas lui-même un être conscient de lui-même et librement consenti, mais poussé par la nécessité dans toutes ses parties et dans tous ses membres et, pas moins que dans tout le reste. , dans ces membres humains à travers lesquels seuls il atteint une certaine conscience de soi fragmentaire.

Selon **Kant** , la raison discerne intuitivement les vérités nécessaires, absolues et universelles. La raison théorique discerne de telles vérités dans le domaine de l'ontologie et dans les relations et les lois qui sous-tendent tous les sujets de recherche physique. De la même manière, la raison pratique perçoit intuitivement les conditions et les lois inhérentes aux objets de l'action morale, c'est-à-dire, comme aurait dit Malebranche, les éléments de l'ordre universel ou, dans le langage de Clarke, l'adéquation des choses. De même que l'esprit doit nécessairement contempler et connaître les objets de la pensée selon les catégories intuitivement discernées par la raison théorique, de même la volonté doit être mue par les conditions et les lois intuitivement discernées par la raison pratique. Cette intuition est loi et obligation. L'homme peut lui obéir, et lui obéir est une vertu. Il peut y désobéir et, ce faisant, il ne cède pas à la nécessité, mais fait un choix volontaire du mal et du mal.

* * * * *

L'examen historique de ce chapitre et du chapitre précédent montrera que, comme nous l'avons dit au début, **tous les systèmes éthiques se répartissent en deux classes dont les épicuriens et les stoïciens ont fourni les types primitifs,** ceux qui font de la vertu. un accident, une variable, soumis à l'autorité, à l'occasion ou aux circonstances ; et ceux qui lui confèrent un droit intrinsèque, une immuabilité, une validité et une suprématie. Sur des sujets d'importance fondamentale, l'opinion est primordiale. La conduite résulte du sentiment et le sentiment de l'opinion. Nous voudrions que la jeunesse, dès la toute première période de son libre arbitre moral, soit fondée sur la croyance que le bien et le mal sont immuables, qu'ils n'ont pas de localités, pas de méridiens, que, avec un changement d'environnement, leurs conditions et leurs lois varient aussi peu que ceux du mouvement planétaire ou stellaire. Qu'il sente que le bien et le mal ne sont pas de simples prescriptions de l'enseignement humain, et même qu'ils ne sont pas créés même par révélation ; mais que leur distinction immuable s'exprime à sa conscience dans ces paroles sublimes qui lui appartiennent, telles que personnifiées dans les écritures saintes : « Jéhovah m'a possédé dès le début de sa voie, avant ses œuvres d'autrefois. J'ai été établi depuis toujours, depuis le commencement, ou depuis toujours la terre. Quand Il a préparé les cieux, j'étais là. Lorsqu'Il a établi les fondements de la terre, j'étais alors auprès de Lui. Cette conception du caractère sacré divin et éternel de la vertu est une source de force éternelle. Celui qui possède cela n'imagine pas qu'il a du pouvoir sur la droite, qu'il peut l'influencer par son choix, ou faire varier ses normes par son action ; mais il le domine et, en le soumettant, le libère, remplit et dynamise tout son être, ennoblit tous ses pouvoirs, exalte et sanctifie toutes ses affections, fait de lui un prêtre de Dieu et un roi parmi les hommes.

Notes de bas de page

1. *La compassion* devrait, de par sa dérivation, avoir le même sens que *la sympathie* ; mais dans l'usage courant, c'est synonyme de pitié.

2. « Ignorantia legis neminem excusat. »

3. La théorie selon laquelle Sénèque connaissait saint Paul ou avait des relations *directes* avec des chrétiens à Rome ou ailleurs n'a aucune preuve historique et repose sur des hypothèses contredites par des faits connus.

4. *Virtutes leniores*, comme les appelle Cicéron.

5. Le devoir de la société d'infliger la peine capitale au meurtrier a été maintenu sur la base du commandement divin à cet effet, qui aurait été donné à Noé et qui s'imposerait donc à toute sa postérité. (Genèse IX. 5.) Ma propre conviction, fondée sur un examen attentif du texte hébreu, est que le meurtrier *humain* n'est pas mentionné dans ce précepte, mais qu'il nécessite simplement de tuer la bête qui devrait causer la mort. d'un homme, précaution qui risquait d'être négligée dans un état de société grossier, et qui figurait parmi les textes spéciaux de la loi mosaïque. (Exode XXI, 38.) Si, cependant, l'interprétation commune est retenue, le précepte exige que le sang du meurtrier soit versé par le *frère* ou le plus proche parent de l'homme assassiné, et n'est pas obéi en livrant le meurtrier à la *potence* et le *bourreau public* . D'ailleurs, la même série de préceptes prescrit une abstinence des sucs naturels des aliments animaux, ce qui exigerait une révolution entière dans nos désordres, nos cuisines et nos tables. Si ces préceptes étaient des commandements divins pour les hommes de tous les temps, ils devraient être pleinement obéis ; mais il y a une incohérence et une absurdité les plus grossières à considérer comme sacrée seulement une partie de l'un d'entre eux et à ignorer tout le reste.

6. Latin, *virtus*, de *vir*, qui désigne non pas, comme *homo*, simplement un être humain, mais un homme doté de tous les attributs virils appropriés, et vient de la même racine avec *vis*, force. Les synonymes grecs de *virtus*, ἀρετή, dérivent de Ἄρης, le dieu de la guerre, qui, aux jours héroïques de la Grèce, était l'homme idéal, l'étalon de l'excellence humaine, et dont certains lexicographes considèrent le nom - comme il semble moi, de manière quelque peu fantaisiste — comme allié par sa racine à ἀνήρ, qui entretient à peu près la même relation avec ἄνθρωπος que *vir* entretient avec *homo* .

7. Dans les langues qui ont hérité ou adopté le latin *virtus*, il conserve sa signification originelle, à une exception frappante près, qui est peut-être une exception en apparence plutôt qu'en réalité. En italien, virtu est employé pour signifier le goût, et *virtuose*, qui peut désigner un homme vertueux, désigne

plus souvent un collectionneur d'objets de goût. Nous avons ici un repère historique. Il fut un temps où, sous le despotisme civil, la vieille virilité romaine s'était entièrement éteinte sur son sol natal, tandis que la corruption ecclésiastique rendait caduque la plus noble idée de la virilité chrétienne ; et puis le type le plus élevé de virilité qui restait était la culture de ces sensibilités raffinées, de ces arts ornementaux et de ce sens aigu du beau, dans lesquels l'Italie surpassait de loin les autres pays, car elle leur fut pendant des siècles inférieure en bravoure physique et en dans la rectitude morale.

<u>8.</u> C'est évidemment sur ce seul fondement que l'on peut affirmer les attributs moraux de l'Être Suprême. Quand nous disons qu'il est parfaitement juste, pur, saint, bienfaisant, nous reconnaissons une norme de jugement logiquement indépendante de sa nature. Nous voulons dire que l'adéquation que la conscience humaine reconnaît comme sa seule norme de droit est la loi qu'elle a choisie pour sa propre administration de l'univers. Pourrait-on concevoir une toute-puissance ne reconnaissant pas cette loi, les décrets et les actes d'un tel être ne seraient pas forcément justes. L'Omnipotence ne peut pas rendre ce qui convient mal, ni ce qui ne convient pas. Les décrets et les actes de Dieu ne sont pas justes parce qu'ils sont les siens, mais les siens parce qu'ils sont justes.

<u>9.</u> De *cardo* , une charnière.

<u>10.</u> C'est pratiquement la division de Cicéron dans le *De Officiis* .

<u>11.</u> Les questions en litige concernant le respect des congés sabbatiques n'appartiennent guère à un traité élémentaire d'éthique. Je ne dois cependant laisser aucun doute sur ma propre opinion. Je crois donc que le reste du sabbat est une nécessité de la constitution de l'homme, physique et mentale, de celle des bêtes soumises à son usage et, dans une certaine mesure, même des agents inanimés sous son contrôle, tandis que la séquestration de la jour du cours de la vie ordinaire est également une nécessité morale et religieuse. Je considère le sabbat hebdomadaire comme un précepte de piété naturelle et une institution primitive, reconstituée, non établie, par Moïse, et sanctionnée par notre Sauveur lorsqu'il se réfère au Décalogue comme un complément au devoir moral, comme aussi dans divers autres formes et moyens. Quant aux modes d'observance des congés sabbatiques, les abstinences et les austérités rigides autrefois courantes en Nouvelle-Angleterre dérivent de la loi cérémonielle mosaïque et n'ont aucune sanction ni dans le Nouveau Testament ni dans les habitudes des premiers chrétiens. Je ne peux concevoir de meilleure règle pour le jour du Seigneur, que que chacun le dépense de manière à gêner le moins possible son utilisation appropriée par les autres, et à le rendre aussi utile que possible pour se détendre des soucis séculiers, et la croissance en sagesse et en bonté.

12. C'est la méchanceté manifestée envers les enfants des femmes divorcées par les femmes qui leur succédèrent dans les affections et les foyers de leurs maris, que dans la littérature romaine attachait au nom d'une belle-mère (*noverca*) les associations les plus haineuses, qui ont certainement Il n'y a aucun endroit dans la chrétienté moderne, où la belle-mère assume le plus souvent les soins maternels de l'épouse décédée comme s'ils étaient les siens d'origine.

13. Lorsque Jésus interdit de jurer par le ciel, parce que « c'est le trône de Dieu », et par la terre, parce que « c'est son marchepied », la conclusion est évidente que, pour des raisons encore plus fortes, tout juron direct par Dieu lui-même est interdit. Le mot μ ή τε, qui introduit les serments des objets inférieurs spécifiés dans le texte en discussion, correspond souvent à notre expression *pas même* . Avec ce sens de μ ή τε, le passage serait rendu : « Mais je vous le dis : ne jure pas du tout, pas même par le ciel », etc.

> Je trouve que certains auteurs sur ce sujet citent, pour justifier leurs serments lors d'occasions solennelles, des exemples dans les Écritures dans lesquels Dieu aurait juré par lui-même. La réponse est évidente : aucun être ne peut jurer par lui-même, la signification essentielle d'un serment étant un appel à un être ou à un objet autre que soi-même. Parce que Dieu « ne peut jurer par plus grand », il est certain que lorsque cette phraséologie est utilisée à son sujet, elle est employée au sens figuré, pour aider à la pauvreté des conceptions humaines et pour exprimer la certitude de sa promesse par les termes les plus forts que le langage humain puisse utiliser. offre. De la même manière, les auteurs sacrés disent que Dieu se repent du châtiment prévu envers les malfaiteurs, non pas que la justice et l'amour infinis puissent changer dans la pensée, le plan ou le but, mais parce qu'un changement de disposition et de sentiment précède habituellement l'homme. clémence envers les méchants.

14. La signification odieuse de l'intérêt *excessif* , attachée à *l'usure* , est d'une date relativement récente. Dans l'anglais ancien, comme dans notre traduction de la Bible, cela désigne toute somme donnée pour l'usage de l'argent.

15. Dans ce pays, les lois sur l'usure cèdent rapidement au développement de l'intelligence dans les affaires monétaires. Partout où elles existent sous leurs formes les plus sévères, elles ne font qu'augmenter le taux d'intérêt payé par la majeure partie de la classe des emprunteurs, car le prêteur doit être indemnisé, non seulement pour l'utilisation de son argent, mais aussi pour le risque d'incapacité de son créancier. pour le rembourser, mais aussi pour le risque supplémentaire de détection, de poursuite et de confiscation.

16. Il n'est pas nécessaire de dire au lecteur que *patience* et *passion* dérivent de différents participes du même verbe. *La patience* vient du participe présent et

désigne à juste titre l'esprit dans lequel la souffrance actuelle doit être affrontée ; tandis que *la passion* vient du participe parfait ou passé, et désigne à juste titre la condition résultant de toute affection physique, mentale ou morale, induite de l'extérieur, qui a été endurée sans protestation ni résistance.

17. De *punkm* , un point.

18. Ἡ δον ή .

19. Στο ά .

20. Les mots employés par les stoïciens pour désigner des devoirs spécifiques, tels qu'ils sont présentés à l'entendement commun, reconnaissent l'aptitude intrinsèque comme fondement du droit. Ces devoirs sont appelés en grec καθ ή κοντα , c'est- *à-dire convenable* , et en latin *officia* , de *ob* et *facio* , ce qui est fait *ob aliquid* , pour une raison attribuable.

21. Dans quelle mesure le caractère de Sénèque était-il représenté par sa philosophie est, à notre avis, une question assez ouverte. Que le début et la fin de sa carrière furent conformes à ses enseignements, c'est certain. Il est également certain qu'en tant que courtisan, il a été à proximité suspecte, voire complice, de scandales et de crimes grossiers. Les preuves contre lui sont nombreuses, mais en aucun cas concluantes. Il s'est peut-être attardé dans les alentours du palais dans un doux souvenir de ce qu'avait été Néron dans la promesse de sa jeunesse et dans l'espoir infondé de le ramener à nouveau sous des influences plus humaines. Cette supposition est rendue d'autant plus probable que, pendant toute sa vie de cour, et malgré sa grande richesse, les habitudes personnelles de Sénèque étaient presque celles d'un anachorète.

22. Le système éthique de Spinoza était étroitement parallèle à celui de Hobbes. Il niait la différence intrinsèque entre le bien et le mal ; mais il considérait *l'aristocratie* comme l'ordre naturel de la société. Chez lui, comme chez Hobbes, la vertu consiste uniquement dans l'obéissance à l'autorité constituée ; et il ignorait si complètement une loi supérieure, qu'il soutenait que c'était le droit d'un État d'abjurer un traité avec un autre État, lorsque ses termes cessaient d'être commodes ou rentables.

23. La théorie morale de Price est développée avec une précision et une force singulières dans l'un des discours du baccalauréat prononcés par feu le président Appleton, du Bowdoin College.

24. Ε ὐ τ ό πος .

25. Le lecteur qui est familier avec la littérature sur l'éthique en Angleterre et en Amérique manquera dans ce chapitre de nombreux noms qui méritent une place à côté de ceux qui ont été donnés. Mais dans les limites proposées pour ce manuel, l'alternative était de sélectionner quelques écrivains parmi

ceux qui ont largement influencé la pensée de leur époque et de celle des années suivantes, et d'associer à chacun d'eux quelque chose qui devait marquer son individualité ; ou pour faire du chapitre un peu plus qu'un catalogue de noms. La première solution est évidemment la plus judicieuse. Rien n'a été dit sur les écrivains vivants, non pas parce qu'il n'y en a aucun qui mérite une place d'honneur parmi les contributeurs à ce département de science, mais parce que, si la liste était une fois ouverte, nous saurions à peine où la fermer.

www.ingramcontent.com/pod-product-compliance
Lightning Source LLC
LaVergne TN
LVHW051539170726
843492LV00006B/1849